T0208773

Der Anti-Stress-Trainer für Assistenzen

Marit Zenk

Der Anti-Stress-Trainer für Assistenzen

Mit Souveränität und Gelassenheit das Sekretariat meistern

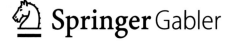

Marit Zenk
MANAGEMENT ASSISTANTS' CONSULTANT
Hamburg, Deutschland

ISBN 978-3-658-21045-8   ISBN 978-3-658-21046-5   (eBook)
https://doi.org/10.1007/978-3-658-21046-5

Die Deutsche Nationalbibliothek verzeichnet diese Publikation in der Deutschen Nationalbibliografie; detaillierte bibliografische Daten sind im Internet über http://dnb.d-nb.de abrufbar.

Springer Gabler
© Springer Fachmedien Wiesbaden GmbH, ein Teil von Springer Nature 2018

Illustratorin: Britta Ludwig, www.visualisierungstante.de

Gedruckt auf säurefreiem und chlorfrei gebleichtem Papier

Springer Gabler ist ein Imprint der eingetragenen Gesellschaft Springer Fachmedien Wiesbaden GmbH und ist ein Teil von Springer Nature
Die Anschrift der Gesellschaft ist: Abraham-Lincoln-Str. 46, 65189 Wiesbaden, Germany

Widmung

Dieses Buch widme ich meinem Vater, Friedrich Frieg (1942–2008).

Er ist maßgeblich dafür verantwortlich, dass ich die Assistenz-Laufbahn überhaupt einschlug.
Nicht nur, weil er mir über seine Kontakte den ersten Sekretärinnen-Job verschaffte; vielmehr wurde ich seit meinem fünften Lebensjahr von ihm indoktriniert. So betrachte ich es rückblickend jedenfalls. Denn er machte es zu meiner Aufgabe, alle Anrufer mit vollem Namen inklusive der kompletten Rufnummer korrekt zu notieren. Ich war einfach dafür verantwortlich. Mein Bruder ging bereits zur Schule und auch meine Mutter war voll berufstätig. Dabei konnte ich kaum den Stift richtig halten und jonglierte noch mit den Buchstaben.

Darüber hinaus musste ich als Vorschulkind jedem seiner Geschäftspartner und Kollegen hoch anständig die Hand geben: Selbstverständlich mit gerader Haltung und direktem Blickkontakt. Gar nicht so einfach, wenn man nur halb so groß ist wie sein Gegenüber. Dafür hatte ich den Handschlag dann als Schülerin perfekt drauf. Zum Stolz meines Vaters, immer wenn ich ihn später im Büro besuchte und an allen Mitarbeitern vorbeimusste.

Mein unternehmerischer Vater war umgeben von Sekretärinnen: Sowohl im Job als auch privat. In seiner Firma eiferten zwei Damen um die Wette. Auch seine zwei Schwestern brüsteten sich schon damals mit diesem ach so tollen Job. Ich hatte ja keine Ahnung.

Möglicherweise wollte er deswegen aus seiner Tochter ein „stimmiges Gesamtpaket" machen.

Lieber Papa, ohne dich wäre ich es vermutlich nicht geworden. Dolmetscherprüfung hin oder her. Sprachen sind eben noch lange nicht alles!

Ich danke dir von ganzem Herzen!

In Liebe,
Deine Marit – meinetwegen auch „Fräulein Müller" *

*so nannte er mich gern

Geleitwort

Der Chef steht noch im Stau, der Besucher wartet schon, die Fachabteilung braucht noch dringend eine Entscheidung, das Telefon klingelt pausenlos, der Drucker läuft heiß – und das Sekretariat bleibt cool.

Solche Souveränität gibt Sicherheit. Dem Chef selbst und allen, die etwas von ihm wollen. Gerade in besonderen Stresssituationen den Überblick zu behalten, gekonnt mit vielen Themen und Anfragen zu jonglieren und schließlich alles sicher einzufangen, bestens aufbereitet und termingerecht zu liefern: Das ist eine hohe Kunst. Hut ab vor jeder Assistenz, welche dies aus dem Effeff beherrscht und dabei auch noch gelassen bleibt. Das zeugt von hoher Kompetenz, gelungenem Selbst-Management und von einem professionellen Umgang mit Stress.

Wir als Chefs können zum Stressabbau beitragen, indem wir uns regelmäßig Zeit für unsere Assistenzen nehmen, offene Fragen klären, Informationen schnell weitergeben und ausreichend Handlungs- und Entscheidungsspielraum gewähren. Und öfter mal ein Lob motiviert ungemein.

Stressresistente Sekretariate sind für jedes Unternehmen ein Segen. Deshalb hat die Hamburger Sparkasse bereits mehrfach mit Marit Zenk zusammengearbeitet. Mit ihrem umfassenden Know-how und ihrer langjährigen Erfahrung hält sie auch bereits gut eingespielten Teams gekonnt den Spiegel vor und sorgt als MANAGEMENT ASSISTANTS' CONSULTANT mit dem frischen Blick von außen für ein noch effektiveres Zusammenspiel in den Chefetagen. Hinzu kommen viele nützliche Tipps und Tricks zur Optimierung der Assistenzfunktion und auch zum Umgang mit Stress.

Ich wundere mich nicht, dass Frau Zenk dieses Buch geschrieben hat. Sie ist prädestiniert dafür, da sie beide Seiten kennt – war sie doch selbst jahrelang Assistentin im Top Management und ist seit 2008 Unternehmerin. Möge sie mit diesem Buch viele Leser gewinnen, damit landauf landab die Assistenzen einen kühlen Kopf bewahren, wenn die Arbeit gerade mal wieder am Überkochen ist.

Dr. Harald Vogelsang
Vorstandssprecher der Hamburger Sparkasse AG

Vorwort

Liebe Leser,

endlich ist es soweit – mein erstes Buch! Schon immer wollte ich ein Buch schreiben. Manche haben es nicht für möglich gehalten. Aber am 30. März 2017 wurde dann aus Spaß ernst. Ich war als Referentin anlässlich des Office Days vom bSb (Bundesverband für Sekretariat & Büromanagement e. V.) nach Wolfsburg eingeladen. Hier traf ich zum ersten Mal auf Peter Buchenau, der ebenfalls als Referent engagiert war. Als ich zu meinem Vortrag **Weak in – tough out** viele Praxisbeispiele aus meinem Berufsleben zum Besten gab, kam es ganz unbewusst aus mir heraus: „Ich muss wirklich mal ein Buch schreiben!" So kam Peter Buchenau am Ende mit der Idee auf mich zu, dass ich den Anti-Stress-Trainer für die Assistenz schreiben könnte. Diese Gelegenheit ergriff ich sofort beim Schopfe.

Es hat schon ein bisschen Zeit und Mühe gekostet, so dass ich meinem Ehemann ganz herzlich für die lange Leine danke: „Danke, mein Schatz, dass ich immer wieder zum Schreiben und Recherchieren abtauchen durfte, während du tagelang auf mich verzichten musstest. Du stehst so ausdauernd in der Brandung, wenn ich mal wieder große Wellen schlage. Und ich liebe es, wie du mich auffängst und mir zur Seite stehst."

Auch danke ich meiner Familie und meinen Freunden, die sich immer wieder Ausreden anhören durften, warum ich sie nicht treffen kann. Oft war ich einfach nicht erreichbar: „Danke, ihr Lieben! Das hier war der Grund. Ich wollte euch unbedingt überraschen!"

Last, but not least, danke ich auch meinen Kunden: „Danke, dass Sie mich vertrauensvoll in Ihre Welt lassen und mir Einblicke in Ihre Gemüter geben. Ich weiß das sehr zu schätzen."

An dieser Stelle sei bemerkt, dass die in diesem Buch erwähnten Geschichten völlig frei erfunden sind, mindestens stark übertrieben oder vermischt wiedergegeben werden. Etwaige Ähnlichkeiten mit tatsächlichen Fällen wären insofern unhaltbar. Letzten Endes sollen die Beispiele das Dilemma aufzeigen, die Brisanz unterstreichen und den Kittelbrennfaktor (Leidensdruck) der Assistenz erhöhen, damit sie endlich an ihrer Balance arbeitet.

So, liebe Kolleginnen und Kollegen, lassen Sie sich von mir nun in Ihre Welt entführen und entdecken Sie Ihre Möglichkeiten.

In diesem Sinne, viel Spaß!
Ihre Marit Zenk, DIE MAC

Gender-Hinweis

Um den Lesefluss nicht überzustrapazieren, habe ich mich beim Schreiben für die klassische Variante im Büro entschieden: für die Assistentin und den Chef. Mir ist durchaus bewusst, dass es auch männliche Assistenzen, weibliche Chefs und somit andere Konstellationen im Office gibt, die ich gleichermaßen schätze. Bitte fühlen Sie sich ebenso herzlich angesprochen! Sie können es auch als ersten Stresstest ansehen: Sie sind gelassen genug, um es hinzunehmen? Na wunderbar!

Inhaltsverzeichnis

Über die Autorin

Marit Zenk DIE MAC – MANAGEMENT ASSISTANTS' CONSULTANT – so firmiert sie seit 2018 nach zehn Jahren, die sie nun selbst schon Unternehmerin ist. Bisher bekannt als Deutschlands 1. Secretary Coach sowie als Erfolgsteamtrainer.

Unternehmen aus Deutschland und der Schweiz holen Marit Zenk, damit sie ihre Assistenzen fit für den Job macht. Sei es organisatorisch, fachlich oder menschlich. Ihre Feldkompetenz macht sie zum perfekten

Sparringspartner für die Managerin des Managers.

Apropos Manager: Auch dieser profitiert von ihrer langjährigen Erfahrung – ist er doch oft stark abhängig von seiner rechten Hand. Sie spricht vom Erfolgsteam, wenn Chef & Assistentin zusammen perfekt interagieren. Dieses Ziel hat sie sich auf die Fahne geschrieben. Mit ihrem eigens entwickelten Konzept begleitet sie das Tandem direkt am Arbeitsplatz.

Marit Zenk hat das Office Management von der Pike auf gelernt. Nach einer Ausbildung zur Fremdsprachenkorrespondentin sowie zur Wirtschaftsdolmetscherin/Übersetzerin startete sie in einem international agierenden Unternehmen im Sekretariat. Seit ihrem 24. Lebensjahr ist sie auf Top Level zu Hause und hat in unterschiedlichen Firmen verschiedener Größen sowie Branchen an mehreren Standorten gearbeitet. Das Stellenprofil ist ihr daher mehr als vertraut. Wie anspruchsvoll und stressig die

Position der Assistenz sein kann, hat sie am eigenen Leib erfahren.

Mittlerweile ist sie nur noch Augenzeugin bei ihren Kunden. Für viele Assistenzen ist sie ein Vorbild. Vielleicht weil sie nebenbei alle gängigen Weiterbildungen* einer Sekretärin durchlaufen und auch betriebswirtschaftliche Kenntnisse aufgesattelt hat. Dazu hält sie an den klassischen Werten Loyalität, Verbindlichkeit sowie Professionalität fest. Schon früh hat sie erkannt, welche Chancen dieser Job bietet. Das ist wohl der Grund, warum sie noch immer für diese Berufsgruppe brennt. Als weiteren Erfolgsfaktor nennt sie die Kunst, die eigene Rolle durch verschiedene Brillen zu betrachten: die der Chefs, der Kollegen, der Geschäftspartner sowie aus der neutralen Dritten – der Metaebene. Wie selbstverständlich bewegt sie sich auf der Ebene der Entscheider. Kein Wunder, dass sie immerzu von Chefstimmen im Kopf verfolgt wird.

Marit Zenk gilt heute als DIE Expertin für Sekretariat & Assistenz.

„Wer erfolgreich sein will, braucht eine gute Selbstreflexion, um sich persönlich weiterentwickeln zu können." Sie selbst ist ausgebildeter Business Coach und Trainerin, zudem für zwei Persönlichkeitsdiagnostiken zertifiziert: Die 9Levels®-Wertesystem-Analyse sowie die S.C.I.L.® Performance Strategie. Beide eignen sich ideal, um den Entwicklungsprozess zielgerichtet zu begleiten.

Wer mit ihr zusammenarbeitet, findet eine verlässliche Partnerin an seiner Seite. Sehr direkt, aber immer charmant in der Intervention. Ihr Humor sorgt für eine gewinnbringende Arbeitsatmosphäre. Aber Achtung: So schnell lässt sie Sie nicht vom Haken. Dafür ist ihr die Sache zu wichtig. Die Leidenschaft ist ihr deutlich anzumerken.

Die gebürtige Braunschweigerin wohnt seit 2001 in Hamburg, ist verheiratet und liebt Sport und Musik.

www.marit-zenk.com

*Geprüfte Sekretärin IHK, geprüfte Management-Assistentin BDS sowie SMI-geprüfte Office Managerin.

Buchbeiträge der Autorin

- 50 Jahre BDVT – persönliche Geschichten herausgegeben vom BDVT e. V., Köln, veröffentlicht 2014 durch Frehner Consulting GmbH Deutschland, Füssen
- Coaching-Methoden und Porträts erfolgreicher Coaches, Band 3 herausgegeben von Armin Fichtner, Werner Müller, Sammlung infoline 5, veröffentlicht 2014 durch epubli GmbH, Berlin
- Methoden und Porträts erfolgreicher Coaches – Gesamtausgabe herausgegeben von Armin Fichtner, Werner Müller, Sammlung infoline 6, veröffentlicht 2014 durch epubli GmbH, Berlin
- Handbuch Coaching herausgegeben von Armin Fichtner, Werner Müller, Sammlung infoline 7, veröffentlicht 2015 durch epubli GmbH, Berlin

1

Kleine Stresskunde: Das Adrenalinzeitalter

Peter Buchenau

Das Konzept der Reihe

Möglicherweise kennen Sie bereits meinen Anti-Stress-Trainer (Buchenau 2014). Das vorliegende Kapitel greift darauf zurück, weil das Konzept der neuen Anti-Stress-Trainer-Reihe die Tipps, Herausforderungen und Ideen aus meinem Buch mit den jeweiligen Anforderungen der unterschiedlichen Berufsgruppen verbindet. Die Autoren, die jeweils aus Ihrem Jobprofil kommen, schneiden diese Inhalte dann für Sie zu. Viel Erfolg und passen Sie auf sich auf.

Leben auf der Überholspur: Sie leben unter der Diktatur des Adrenalins. Sie suchen immer den neuen Kick, und das nicht nur im beruflichen Umfeld. Selbst in der Freizeit, die Ihnen eigentlich Ruhephasen vom Alltagsstress bringen sollte, kommen Sie nicht zur Ruhe. Mehr als

© Springer Fachmedien Wiesbaden GmbH, ein Teil von Springer Nature 2018
M. Zenk, *Der Anti-Stress-Trainer für Assistenzen*,
https://doi.org/10.1007/978-3-658-21046-5_1

41 % aller Beschäftigten geben bereits heute an, sich in der Freizeit nicht mehr erholen zu können. Tendenz steigend. Wen wundert es?

Anstatt sich mit Power-Napping (Kurzschlaf) oder Extreme-Couching (Gemütlichmachen) in der Freizeit Ruhe und Entspannung zu gönnen, macht die Gesellschaft vermehrt Extremsportarten wie Fallschirmspringen, Paragliding, Extreme Climbing oder Marathon zu ihren Hobbys. Jugendliche ergeben sich dem Komasaufen, der Einnahme von verschiedensten Partydrogen oder verunstalten ihr Äußeres massiv durch Tattoos und Piercing. Sie hasten nicht nur mehr und mehr atemlos durchs Tempoland Freizeit, sondern auch durch das Geschäftsleben. Ständige Erreichbarkeit heißt die Lebenslösung. Digitalisierung und mobile, virtuelle Kommunikation über die halbe Weltkugel bestimmen das Leben. Wer heute seine E-Mails nicht überall online checken kann, wer heute nicht auf Facebook, Instagram & Co. ist, ist out oder schlimmer noch, der existiert nicht.

Klar, die Anforderungen im Beruf werden immer komplexer. Die Zeit überholt uns, engt uns ein, bestimmt unseren Tagesablauf. Viel Arbeit, ein Meeting jagt das nächste und ständig klingelt das Smartphone. Multitasking ist angesagt und wir wollen so viele Tätigkeiten wie möglich gleichzeitig erledigen.

Schauen Sie sich doch mal in Ihren Meetings um. Wie viele Angestellte in Unternehmen beantworten in solchen Treffen gleichzeitig ihre E-Mails oder schreiben WhatsApp-Nachrichten? Kein Wunder, dass diese Mitarbeiter dann nur die Hälfte mitbekommen und Folge-Meetings notwendig sind. Ebenfalls kein Wunder, dass das Leben einem davonrennt. Aber wie sagt schon ein altes, chinesisches Sprichwort: „Zeit hat nur der, der sich auch Zeit nimmt." Zudem ist es unhöflich, seinem Gesprächspartner nur halb zuzuhören.

Das Gefühl, dass sich alles zum Besseren wendet, wird sich mit dieser Einstellung nicht einstellen. Im Gegenteil: Alles wird noch rasanter und flüchtiger. Müssen Sie dafür Ihre Grundbedürfnisse vergessen? Wurden Sie mit Stress oder Burnout geboren? Nein, sicherlich nicht. Warum müssen Sie sich dann den Stress antun?

Zum Glück gibt es dazu das Adrenalin. Das Superhormon, die Superdroge der High-Speed-Gesellschaft. Bei Chemikern und Biologen auch unter $C_9H_{13}NO_3$ bekannt. Dank Adrenalin schuften Sie wie ein Hamster im Rad. Schneller und schneller und noch schneller. Sogar die Freizeit läuft nicht ohne Adrenalin. Der Stress hat in den letzten Jahren dramatisch zugenommen und somit auch die Adrenalinausschüttung in Ihrem Körper.

Schon komisch: Da produzieren Sie massenhaft Adrenalin und können dieses so schwer erarbeitete Produkt nicht verkaufen. Ja, nicht mal verschenken können Sie es. In welcher Gesellschaft leben Sie denn überhaupt, wenn Sie für ein produziertes Produkt keine Abnehmer finden?

Deshalb die Frage aus betriebswirtschaftlicher Sicht an alle Unternehmer, Führungskräfte und Selbstständigen: Warum produziert Ihr ein Produkt, das Ihr nicht am Markt verkaufen könnt? Wärt Ihr meine Angestellten, würde ich euch wegen Unproduktivität und Fehleinschätzung des Marktes feuern.

Stress kostet Unternehmen und Privatpersonen viel Geld. Gemäß einer Studie der Europäischen Beobachtungsstelle für berufsbedingte Risiken (mit Sitz in Bilbao) vom 04.02.2008 leidet jeder vierte EU-Bürger unter arbeitsbedingtem Stress. Im Jahre 2005 seien 22 % der europäischen Arbeitnehmer von Stress betroffen gewesen, ermittelte die Institution. Abgesehen vom menschlichen Leid bedeutet das auch, dass die wirtschaftliche Leistungsfähigkeit der Betroffenen in erheblichem Maße beeinträchtigt ist. Das kostet Unternehmen bares Geld. Schätzungen zufolge betrugen die Kosten, die der Wirtschaft in Verbindung mit arbeitsbedingtem Stress entstehen, 2002 in den damals noch 15 EU-Ländern 20 Mrd. EUR. 2006 schätzte das betriebswirtschaftliche Institut der Fachhochschule Köln diese Zahl allein in Deutschland auf 80 bis 100 Mrd. EUR.

60 % der Fehltage gehen inzwischen auf Stress zurück. Stress ist mittlerweile das zweithäufigste, arbeitsbedingte Gesundheitsproblem. Nicht umsonst hat die Weltgesundheitsorganisation WHO Stress zur größten Gesundheitsgefahr im 21. Jahrhundert erklärt. Viele Verbände wie zum Beispiel der Deutsche Managerverband haben Stress und Burnout auch zu zentralen Themen ihrer Verbandsarbeit erklärt.

1.1 Was sind die Ursachen?

Die häufigsten Auslöser für den Stress sind der Studie zufolge unsichere Arbeitsverhältnisse, hoher Termindruck, unflexible und lange Arbeitszeiten, Mobbing und nicht zuletzt die Unvereinbarkeit von Beruf und Familie. Neue Technologien, Materialien und Arbeitsprozesse bringen der Studie zufolge ebenfalls Risiken mit sich.

Meist Arbeitnehmer, die sich nicht angemessen wertgeschätzt fühlen und auch oft unter- beziehungsweise überfordert sind, leiden unter Dauerstress. Sie haben ein doppelt so hohes Risiko, an einem Herzinfarkt oder einer Depression zu erkranken. Anerkennung und die Perspektive, sich in einem sicheren Arbeitsverhältnis weiterentwickeln zu können, sind in diesem Umfeld viel wichtiger als nur eine angemessene Entlohnung. Diesen Wunsch vermisst man meist in öffentlichen Verwaltungen, in Behörden sowie Großkonzernen. Gewalt und Mobbing sind oft die Folge.

Gerade in Zeiten von Wirtschaftskrisen bauen Unternehmen und Verwaltungen immer mehr Personal ab. Hetze und Mehrarbeit aufgrund von Arbeitsverdichtung sind die Folge. Zieht die Wirtschaft wieder an, werden viele offene Stellen nicht mehr neu besetzt. Das Ergebnis: Viele Arbeitnehmer leisten massiv Überstunden. 59 % haben Angst um ihren Job oder ihre Position im Unternehmen, wenn sie diese Mehrarbeit nicht erbringen, so die Studie.

Weiter ist bekannt, dass Druck (also Stress) Gegendruck erzeugt. Druck und Mehrarbeit über einen langen Zeitraum führen somit zu einer Produktivitäts-Senkung. Gemäß einer Schätzung des Kölner Angstforschers Wilfried Panse leisten Mitarbeiter schon lange vor einem Zusammenbruch 20 bis 40 % weniger als gesunde Mitarbeiter.

Wenn Vorgesetzte in diesen Zeiten zudem Ziele schwach oder ungenau formulieren und gleichzeitig Druck ausüben, erhöhen sich die stressbedingten Ausfallzeiten, die dann von den etwas stressresistenteren Mitarbeitern aufgefangen werden müssen. Eine Spirale, die sich immer tiefer in den Abgrund bewegt.

Im Gesundheitsbericht der Deutschen Angestellten Krankenkasse (DAK) steigt die Zahl der psychischen Erkrankungen massiv an und jeder zehnte Fehltag geht auf das Konto stressbedingter Krankheiten. Gemäß einer Studie des Deutschen Gewerkschaftsbunds (DGB) bezweifeln 30 % der Beschäftigten, ihr Rentenalter im Beruf zu erreichen. Frühverrentung ist die Folge. Haben Sie sich mal für Ihr Unternehmen gefragt, wie viel Geld Sie in Ihrem Unternehmen für durch Stress verursachte Ausfallzeiten bezahlen? Oder auf den einzelnen Menschen bezogen: Wie viel Geld zahlen Sie für Ihre Krankenversicherung und welche Gegenleistung bekommen Sie von der Krankenkasse dafür?

Vielleicht sollten die Krankenkassen verstärkt in die Vermeidung Stress verursachender Aufgaben und Tätigkeiten investieren anstatt Milliarden unüberlegt in die Behandlung von gestressten oder bereits von Burnout betroffenen Menschen zu stecken. In meiner Manager-Ausbildung lernte ich bereits vor 20 Jahren: „Du musst das Problem an der Wurzel packen." Vorbeugen ist immer noch besser als reparieren.

Beispiel: Bereits 2005 erhielt die London Underground den Unum Provident Healthy Workplaces Award (frei übersetzt: den Unternehmens-Gesundheitsschutz-Präventionspreis) der britischen Regierung. Alle 13.000 Mitarbeiter der London Underground wurden ab 2003 einem Stress-Regulierungsprogramm unterzogen. Die

Organisation wurde angepasst, die Vorgesetzten auf Früherkennung und Stress reduzierende Arbeitstechniken ausgebildet, und alle Mitarbeiter wurden über die Gefahren von Stress und Burnout aufgeklärt. Das Ergebnis war verblüffend. Die Ausgaben, bedingt durch Fehlzeiten der Arbeitnehmer, reduzierten sich um 455.000 britische Pfund, was einem Return on Invest von eins zu acht entspricht. Mit anderen Worten: Für jedes eingesetzte britische Pfund fließen acht Pfund wieder zurück ins Unternehmen. Eine erhöhte Produktivität des einzelnen Mitarbeiters war die Folge. Ebenso verbesserte sich die gesamte Firmenkultur. Die Mitarbeiter erlebten einen positiven Wechsel in Gesundheit und Lifestyle.

Wann hören Sie auf, Geld aus dem Fenster zu werfen? Unternehmer, Führungskräfte, Personalverantwortliche und Selbstständige müssen sich deshalb immer wieder die Frage stellen, wie Stress im Unternehmen verhindert oder gemindert werden kann, um Kosten zu sparen und um somit die Produktivität und Effektivität zu steigern. Doch anstatt in Stresspräventionstrainings zu investieren, stehen landläufig weiterhin die Verkaufs- und Kommunikationsfähigkeiten des Personals im Fokus. Dabei zahlt sich, wie diese Beispiele beweisen, Stressprävention schnell und nachhaltig aus: Michael Kastner, Leiter des Instituts für Arbeitspsychologie und Arbeitsmedizin in Herdecke, beziffert die Rentabilität: „Eine Investition von einem Euro in eine moderne Gesundheitsförderung zahlt sich nach drei Jahren mit mindestens 1,80 Euro aus."

1.2 Überlastet oder gar schon gestresst?

Modewort Stress … Der Satz „Ich bin im Stress" ist anscheinend zum Statussymbol geworden, denn wer so viel zu tun hat, dass er gestresst ist, scheint eine gefragte und wichtige Persönlichkeit zu sein. Stars, Manager, Politiker gehen hier mit schlechtem Beispiel voran und brüsten sich in der Öffentlichkeit damit, „gestresst zu sein". Stress scheint daher beliebt zu sein und ist immer eine willkommene Ausrede.

Es gehört zum guten Ton, keine Zeit zu haben, sonst könnte ja Ihr Gegenüber meinen, Sie täten nichts, seien faul, hätten wahrscheinlich keine Arbeit oder seien ein Versager. Überprüfen Sie mal bei sich selbst oder in Ihrem unmittelbaren Freundeskreis die Wortwahl: Die Mutter hat Stress mit ihrer Tochter, die Nachbarn haben Stress wegen der neuen Garage, der Vater hat Stress, weil er die Winterreifen wechseln muss, der Arbeitsweg ist stressig, weil so viel Verkehr ist, der Sohn kann nicht zum Sport, weil ihn die Hausaufgaben stressen, der neue Hund stresst, weil die Tochter, für die der Hund bestimmt war, Stress mit ihrer besten Freundin hat – und dadurch keine Zeit.

Ich bin gespannt, wie viele banale Erlebnisse Sie in Ihrer Familie und in Ihrem Freundeskreis entdecken.

Gewöhnen sich Körper und Geist an diese Bagatellen, besteht die Gefahr, dass wirkliche Stress- und Burnout-Signale nicht mehr erkannt werden. Die Gefahr, in die Stress-Spirale zu geraten, steigt. Eine Studie des Schweizer Staatssekretariats für Wirtschaft aus dem Jahr 2000 untermauerte dies bereits damit, dass sich 82 % der Befragten gestresst fühlen, aber 70 % ihren Stress im Griff haben. Entschuldigen Sie meine provokante Aussage: Dann haben Sie keinen Stress.

Überlastung … Es gibt viele Situationen von Überlastung. In der Medizin, Technik, Psyche, Sport et cetera hören und sehen wir jeden Tag Überlastungen. Es kann ein Boot sein, welches zu schwer beladen ist. Ebenso aber auch, dass jemand im Moment zu viel Arbeit, zu viele Aufgaben, zu viele Sorgen hat oder dass ein System oder ein Organ zu sehr beansprucht ist und nicht mehr richtig funktioniert. Das kann das Internet, das Stromnetz oder das Telefonnetz sein, aber auch der Kreislauf oder das Herz.

Die Fachliteratur drückt es als „momentan über dem Limit" oder „kurzzeitig mehr als erlaubt" aus. Wichtig ist hier das Wörtchen „momentan". Jeder von uns Menschen ist so gebaut, dass er kurzzeitig über seine Grenzen hinausgehen kann. Jeder von Ihnen kennt das Gefühl, etwas Besonders geleistet zu haben. Sie fühlen sich wohl dabei und sind meist hinterher stolz auf das Geleistete. Sehen Sie Licht am Horizont und sind Sie sich bewusst, welche Tätigkeit Sie ausführen und zudem, wie lange Sie an einer Aufgabe zu arbeiten haben, dann spricht die Stressforschung von Überlastung und nicht von Stress. Also dann, wenn der Vorgang, die Tätigkeit oder die Aufgabe für Sie absehbar und kalkulierbar ist. Dieser Vorgang ist aber von Mensch zu Mensch unterschiedlich. Zum Beispiel fühlt sich ein Marathonläufer nach 20 km überhaupt nicht überlastet, aber der übergewichtige Mensch, der Schwierigkeiten hat, zwei Stockwerke hochzusteigen, mit Sicherheit. Für ihn ist es keine Überlastung mehr, für ihn ist es Stress.

1.3   Alles Stress oder was?

Stress … Es gibt unzählige Definitionen von Stress und leider ist eine Eindeutigkeit oder eine Norm bis heute nicht gegeben. Stress ist individuell, unberechenbar, nicht greifbar. Es gibt kein Allheilmittel dagegen, da jeder Mensch Stress anders empfindet und somit auch die Vorbeuge- und Behandlungsmaßnahmen unterschiedlich sind.

Nachfolgende fünf Definitionen bezüglich Stress sind richtungsweisend:

1. „Stress ist ein Zustand der Alarmbereitschaft des Organismus, der sich auf eine erhöhte Leistungsbereitschaft einstellt" (Hans Seyle 1936; ein ungarisch-kanadischer Zoologe, gilt als der Vater der Stressforschung).
2. „Stress ist eine Belastung, Störung und Gefährdung des Organismus, die bei zu hoher Intensität eine Überforderung der psychischen und/oder physischen Anpassungskapazität zur Folge hat" (Fredrik Fester 1976).
3. „Stress gibt es nur, wenn Sie ‚Ja' sagen und ‚Nein' meinen" (Reinhard Sprenger 2000).
4. „Stress wird verursacht, wenn du ‚hier' bist, aber ‚dort' sein willst, wenn du in der Gegenwart bist, aber in der Zukunft sein willst" (Eckhard Tolle 2002).
5. „Stress ist heute die allgemeine Bezeichnung für körperliche und seelische Reaktionen auf äußere oder innere Reize, die wir Menschen als anregend oder belastend empfinden. Stress ist das Bestreben des Körpers, nach einem irritierenden Reiz so schnell wie möglich wieder ins Gleichgewicht zu kommen" (Schweizer Institut für Stressforschung 2005).

Bei allen fünf Definitionen gilt es zu unterscheiden zwischen negativem Stress – ausgelöst durch im Geiste unmöglich zu lösende Situationen – und positivem Stress, welcher in Situationen entsteht, die subjektiv als lösbar wahrgenommen werden. Sobald Sie begreifen, dass Sie selbst über das Empfinden von freudvollem Stress (Eustress) und leidvollem Stress (Disstress) entscheiden, haben Sie Handlungsspielraum.

Bei **positivem Stress** wird eine schwierige Situation als positive Herausforderung gesehen, die es zu bewältigen gilt und die Sie sogar genießen können. Beim positiven Stress sind Sie hoch motiviert und konzentriert. Stress ist hier die Triebkraft zum Erfolg.

Bei **negativem Stress** befinden Sie sich in einer schwierigen Situation, die Sie noch mehr als völlig überfordert. Sie fühlen sich der Situation ausgeliefert, sind hilflos und es werden keine Handlungsmöglichkeiten oder Wege aus der Situation gesehen. Langfristig macht dieser negative Stress krank und endet oft im Burnout.

1.4   Burnout – Die letzte Stressstufe

Burnout … Als letzte Stufe des Stresses tritt das sogenannte Burnout auf. Nun hilft keine Medizin und Prävention mehr; jetzt muss eine langfristige Auszeit unter professioneller Begleitung her. Ohne fremde Hilfe können Sie der Burnout-Spirale nicht entkommen. Die Wiedereingliederung eines Burnout-Klienten zurück in die Arbeitswelt ist sehr aufwendig. Meist gelingt das erst nach einem Jahr Auszeit, oft auch gar nicht.

Nach einer Studie der Freiburger Unternehmensgruppe Saaman aus dem Jahr 2007 haben 45 % von 10.000 befragten Managern Burnout-Symptome. Die gebräuchlichste Definition von Burnout stammt von Maslach & Jackson aus dem Jahr 1986: „Burnout ist ein Syndrom der emotionalen Erschöpfung, der Depersonalisation und der reduzierten persönlichen Leistung, das bei Individuen auftreten kann, die auf irgendeine Art mit Leuten arbeiten oder von Leuten beeinflusst werden."

Burnout entsteht nicht in Tagen oder Wochen. Burnout entwickelt sich über Monate bis hin zu mehreren Jahren, stufenweise und fortlaufend mit physischen, emotionalen und mentalen Erschöpfungen. Dabei kann es immer wieder zu zwischenzeitlicher Besserung und Erholung kommen. Der fließende Übergang von der normalen Erschöpfung über den Stress zu den ersten Stadien des Burnouts wird oft nicht erkannt, sondern als „normale" Entwicklung akzeptiert. Reagiert der Betroffene in diesem Zustand nicht auf die Signale, die sein Körper ihm permanent mitteilt und ändert der Klient seine inneren oder äußeren Einfluss- und Stressfaktoren nicht, besteht die Gefahr einer sehr ernsten Erkrankung. Diese Signale können dauerhafte Niedergeschlagenheit, Ermüdung, Lustlosigkeit, aber auch Verspannungen und Kopfschmerzen sein. Es kommt zu einer kreisförmigen, gegenseitigen Verstärkung der einzelnen Komponenten. Unterschiedliche Forschergruppen haben auf der Grundlage von Beobachtungen den Verlauf in typische Stufen unterteilt.

Wollen Sie sich das alles antun?

Leider ist Burnout in den meisten Firmen ein Tabuthema – die Dunkelziffer ist groß. Betroffene Arbeitnehmer und Führungskräfte schieben oft andere Begründungen für ihren Ausfall vor – aus Angst vor negativen Folgen, wie zum Beispiel dem Verlust des Arbeitsplatzes. Es muss ein Umdenken stattfinden!

Wen kann es treffen? Theoretisch sind alle Menschen gefährdet, die nicht auf die Signale des Körpers achten. Vorwiegend trifft es einsatzbereite und engagierte Mitarbeiter, Führungskräfte und Selbstständige. Oft werden diese auch von Vorgesetzten geschätzt, von Kollegen bewundert, vielleicht auch beneidet. Solche Menschen sagen auch nie „nein"; deshalb wachsen die Aufgaben, und es stapeln sich die Arbeiten. Dazu kommt oft, dass sich Partner, Freunde und Kinder über zu wenig Zeit und Aufmerksamkeit beklagen.

Aus eigener Erfahrung kann ich sagen, dass der Weg zum Burnout anfänglich mit kleinsten Hinweisen gepflastert ist, kaum merkbar, unauffällig, vernachlässigbar. Es bedarf einer hohen Achtsamkeit, um diese Signale des Körpers und der realisierenden Umwelt zu erkennen. Kleinigkeiten werden vergessen und vereinbarte Termine werden immer weniger eingehalten. Hobbys und Sport werden – wie bei mir geschehen – erheblich vernachlässigt. Auch mein Körper meldete sich Ende der neunziger Jahre mit leisen Botschaften: Schweißausbrüche, Herzrhythmusstörungen, schwerfällige Atmung und unruhiger Schlaf waren die Symptome, die anfänglich nicht von mir beachtet wurden.

Abschlusswort
Eigentlich ist Burnout- oder Stressprävention für Assistenzen ganz einfach. Tipps gibt es überall und Zeit dazu auch. Sie, ja Sie, Sie müssen es einfach nur tun. Viel Spaß und Unterhaltung beim nun folgenden Beitrag von Marit Zenk.

Literatur

Buchenau P (2014) Der Anti-Stress-Trainer. Springer, Wiesbaden

2

Die Rolle der Assistenz

2.1 Die Titulierungen

Als Vorzimmerdrachen, Tippse oder Mädchen für alles tituliert. Gemeint ist die Sekretärin, die Assistentin, die Office Managerin, das Front Office oder auch das Back Office, ja sogar die „einfache" Bürokraft. Ob Personal Assistant, Management Assistant – welche Assistenz auch immer – ihre Rolle ist so differenziert wie auch ihre Aufgaben.

2.2 Die Differenzierung

Während man früher als Sekretärin galt, will man heute lieber Assistentin genannt werden. Wenn Sie mich persönlich fragen – ich bin ambivalent. Einerseits hört sich

© Springer Fachmedien Wiesbaden GmbH, ein Teil von
Springer Nature 2018
M. Zenk, *Der Anti-Stress-Trainer für Assistenzen*,
https://doi.org/10.1007/978-3-658-21046-5_2

Assistentin schon schicker und moderner an als die weibliche Form dieses einen Möbelstückes. Andererseits assoziiere ich – sobald ich das Wort Assistenz höre – nicht selten: Tupfer, Nadel, Schere … Da das Wort Assistenz buchstäblich für die Aufgaben eines Gehilfen steht, ist es ja nicht verkehrt. Allerdings können Sie als Assistenz weit mehr: Neben der Erstellung von Schriftsätzen und der Koordination von Terminen, steigen Sie deutlich tiefer in die Materie ein, arbeiten eigenständig, bekommen aber auch immer mehr Sachbearbeitungsaufgaben dazu.

Es ist ein Berufsfeld, das dem Wandel sehr stark unterliegt und wo die gute Seele immer noch unterschätzt, geächtet, zuweilen sogar abgeschafft wird. Das dürfen wir nicht zulassen! Es muss einfach unterschieden werden: Welche Aufgaben können von technischen Errungenschaften übernommen werden und welche eben nicht? Ich sage es Ihnen: die Empathie. Das ist die Karte, die Sie unbedingt spielen müssen. Und zwar in jeder Hinsicht – tagtäglich. Nutzen Sie Ihr Einfühlungsvermögen und gestalten Sie Beziehungen. Selbstverständlich spreche ich hier von Arbeitsbeziehungen. Sie können einen großen Beitrag dazu leisten, dass die Kommunikation in Ihrem Unternehmen flutscht, wie man so schön sagt.

Apropos Differenzierung und flutschen: Sollten Sie das Vorwort frecherweise übersprungen haben, gibt es hier noch einmal meinen Gender-Hinweis, der immer wichtiger zu sein scheint. Da der Assistenz-Job heutzutage größtenteils von Frauen besetzt ist und die meisten Chefs männlich sind, erlauben Sie mir bitte, dass ich mich auf diese eine Sprachvariante konzentriere. Das soll ausschließlich Ihrem Lesefluss zugutekommen. Welchen

Geschlechts Sie auch immer sind – bitte fühlen Sie sich gleichermaßen herzlich von mir angesprochen.

Den männlichen Assistenzen spreche ich hier und heute meinen größten Respekt aus: Toll zu sehen, dass auch Sie Freude an diesem Beruf haben. Und vor den weiblichen Chefs ziehe ich ebenfalls meinen Hut. Vermutlich geben Sie deutlich mehr als 100 %, um sich in der Männerwelt zu behaupten. Vielleicht an dieser Stelle schon vorsorglich der Buchtipp „Der Anti-Stress-Trainer für Führungsfrauen" (Margarita von Mayen 2017). Jetzt legen Sie aber bitte nicht dieses Buch zur Seite, denn es ist sicherlich hilfreich für Sie zu wissen, was Ihrer Assistenz Stress bereitet. Möglicherweise verlangen Sie auch von ihr mehr als 100 %. Darüber sprechen wir noch – versprochen!

Also, ob Mann oder Frau – dieser Anti-Stress-Trainer funktioniert geschlechterübergreifend – ist quasi unisex. Soweit der ausgedehnte Hinweis zur Gleichstellungsthematik.

Und nun viel Spaß bei der Lektüre.

Aufruf zur Selbstverantwortung

Lassen Sie mich der guten Ordnung halber noch erwähnen, dass Sie die hierin enthaltenen Tipps und Tricks für sich bitte auf Wahrheit und Machbarkeit überprüfen. Sicher gelte ich allgemein als Experten für Sekretariat & Assistenz, halte Lösungen bereit und zeige Wege auf. Letztlich sind Sie die Expertin für Ihre eigene Welt und Ihre Probleme. Sie kennen Ihr Umfeld am besten. So tragen Sie auch die Verantwortung für das, was Sie tun. Allerdings auch für das, was Sie gelassen haben.

2.3   Die Rollenvielfalt

Sie kennen diese Fülle an Rollen aus Ihrem *echten* Leben. Vielleicht sind Sie Ehefrau, Partnerin, Mutter, Schwester oder Cousine. Ganz sicher aber Tochter und Enkelin von irgendjemandem. Möglicherweise sind Sie auch Elternsprecherin, Vorsitzende im Verein, Regionalleiterin im Verband, Kassenwartin Ihrer Doppelkopfrunde oder die gute Seele, die sich immer kümmert und alle zusammenhält.

Eines ist sicher: Sie haben mehrere Rollen inne. So auch im Berufsleben.

Als Assistenz bekleiden Sie etliche Rollen: Zuallererst sind Sie das Bindeglied (ja, meine lieben, emanzipierten Damen, das bitte ich Sie an dieser Stelle einmal auszuhalten) zwischen dem Chef und seinen Mitarbeitern. Darüber hinaus sind Sie Informantin, Koordinatorin, Mitdenkerin, Motivatorin, Seismograf, Vermittlerin und Zuhörerin. Vielleicht fühlen Sie sich dann und wann sogar wie eine Therapeutin. Immerhin wissen Sie oft mehr und halten häufiger „Händchen" als Ihnen lieb ist. Lassen Sie sich dadurch bitte nicht stressen – Sie brauchen nun einmal sehr viele Informationen, wenn Sie einen guten Job machen wollen. Darüber hinaus ermöglicht Ihnen genau das, Zusammenhänge zu erkennen und Muster auszumachen. Darum spielen Sie mit Ihren Rollen – Sie haben alle Möglichkeiten! Denn als Assistenz befinden Sie sich mittendrin im Drehkreuz.

Bei Ihnen laufen alle Fäden zusammen. Sie organisieren Ihren Chef, beschaffen alle nötigen Unterlagen, koordinieren seine Termine und Reisen. Sie stimmen alles so aufeinander ab, dass Ihr Chef alles Wissenswerte maßgeschneidert gereicht bekommt. Das nenne ich Chefentlastung! Hurra!

Um das zu ermöglichen, halten Sie Kontakt zu allen Seiten: Neben Ihrem Chef und den Kollegen, auch zum Betriebsrat, den Stakeholdern, Wettbewerbern,

Lieferanten und in jedem Fall zu Kunden. Mit Kunden meine ich all jene, die von Ihnen eine Dienstleistung erwarten können. Dazu zählen nicht nur Externe, sondern auch Interne.

Insofern gilt es, Vorbild zu sein. Ihr Handeln und Tun hat Gewicht. Je nach Position und Reichweite, beziehungsweise Komplexität Ihres Drehkreuzes eben mehr oder weniger. Dabei müssen Sie sich auf die unterschiedlichsten Menschentypen einstellen. Das erfordert nicht selten Nervenstärke und Geduld. Immer aber eine große Portion Toleranz. Um einen reibungslosen Ablauf zu gewährleisten, lenken Sie alles ordnungsgemäß und effizient.

Damit haben Sie schon den ersten Stressbrocken in den Schoß gelegt bekommen.

Die Repräsentanz – Ihre größte Bürde

Neben all den genannten Rollen ist der Repräsentanten-Job wohl der gewichtigste. Je nachdem, welchen Posten Ihr Chef im Unternehmen besetzt, sind Sie als seine rechte Hand gefragt, dieses Level würdig zu vertreten. Sobald Sie auf der Geschäftsführungsebene sitzen, muss alles stimmen. Angefangen bei der Büroausstattung und Ihrer Garderobe über Ihre Einstellung sowie Haltung bis hin zu Ihrer Kompetenz. Schließlich reichen sich hier hochkarätige Manager die Hände, die zuvor – so möchte ich annehmen – durch Ihr Sekretariat geschleust wurden. Also raus mit den Klammeräffchen aus den Pflanzen, runter mit den Ansichtskarten von den Wänden und weg mit der Tube Handcreme vom Schreibtisch. Auch Ihr privates Handy gehört lautlos in Ihre Handtasche, die schon aus Sicherheitsgründen im Schrank deponiert werden sollte. Und noch schöner als das freizügige Foto mit Schatzi vom letzten Strandurlaub, wäre ein Foto mit viel Stoff – platziert an einem eher diskreten Ort. Prominent ausstellen dürfen Sie dagegen etwas Geschäftsrelevantes. Wenn es kein Produkt aus Ihrem Unternehmen sein kann, so haben Sie sicherlich imageträchtige Gastgeschenke anderer Geschäftspartner von Ihrem Chef „geerbt". Eine Auszeichnung, die Sie, Ihr Chef oder Ihre Firma bekommen hat, würde Ihr Vorzimmer ebenfalls schön schmücken. Wichtig ist, dass der Besucher einen charakteristischen Eindruck von Ihrem Unternehmen bekommt – anstatt eines umfassenden Bildes von Ihren Hobbys und sonstigen Vorlieben.

Ja, als Assistenz hat man allein durch die Vielfalt der Rollen schon ordentlich Druck. Warum das so ist, liegt quasi auf der Hand. Aber sehen Sie selbst im nächsten Kapitel – Ihrem erklärten Dilemma (Kap. 3).

Vergessen Sie bitte nicht: Sie sind vor allem Ihre eigene Visitenkarte – nicht nur die Ihres Chefs und die Ihres Unternehmens.

Literatur

von Mayen M (2017) Der Anti-Stress-Trainer für Führungsfrauen. Gabler Verlag, Wiesbaden

3

Das Dilemma der Assistenz

Sie sitzt zwischen den Stühlen.

Und sie möchte es allen recht machen.

© Springer Fachmedien Wiesbaden GmbH, ein Teil von
Springer Nature 2018
M. Zenk, *Der Anti-Stress-Trainer für Assistenzen,*
https://doi.org/10.1007/978-3-658-21046-5_3

3.1   Zwischen den Stühlen

Als Bindeglied möchten Sie Ihrem Chef gegenüber loyal sein, ihn verstehen und seine Interessen vertreten, um ihm eine wertvolle Unterstützung zu sein. Das ist hoch löblich. Natürlich erhoffen Sie sich hierdurch auch die verdiente Anerkennung. Gleichzeitig möchten Sie, dass Ihre Kollegen gerecht behandelt werden. So setzen Sie sich auch für sie ein und erfreuen sich allgemeiner Beliebtheit. Ein Wunschzustand! Es klingt logisch und doch ist es keine leichte Aufgabe, sondern eher eine Herausforderung. Und diese meistern Sie nur, wenn Sie in Balance bleiben.

3.2   Fluch oder Segen?

Ob Ihnen die Sandwich-Position schmeckt, hängt von Ihrer Sichtweise ab. Wollen Sie sich von den Menschen, für die Sie arbeiten, herumkommandieren lassen, einfach nur funktionieren, schlicht alles abarbeiten und sich dabei wie ferngesteuert oder gar schwer belastet fühlen?

Oder möchten Sie mehr: Nämlich eigenverantwortlich zuarbeiten, tatkräftig unterstützen, sich frei und mündig fühlen sowie dazu in der Lage sein, selbst zu entscheiden, wie Sie zwischen den Fronten interagieren und vermitteln?

Kommen Sie mir jetzt bitte nicht mit „ich würde ja gern, aber…". Dem würde ich entgegnen: „Lieber Gott, du kannst mir alles nehmen – nur nicht meine Ausreden!"

> Sie haben immer die Wahl! Vergessen Sie dabei bitte nicht, es sich selbst recht zu machen.

Beispiel einer Assistenz zwischen den Stühlen

Es war einmal ein Chef, eine ihm direkt zuarbeitende Projekt-Managerin (PM) und dazwischen eine Assistentin. Die PM handelte etliche Dinge völlig eigenständig ab, unterstützte den Chef in vielerlei Angelegenheiten und zudem inhaltlich so tief, dass sie ihn gelegentlich sogar vertrat. Ihr Aufgabengebiet war so anspruchsvoll, dass sie selbst wie getrieben, manches Mal gar überfordert wirkte. Dies hatte extrem negative Auswirkungen auf die Kommunikation zwischen ihr und der Assistenz. Oft stimmten weder die Wortwahl noch der Ton; vor allem aber war die Frequenz an Vorwürfen und Kontrolleinheiten zu hoch. Die Assistenz wurde immer unsicherer, sodass ihre Fehlerquote drastisch anstieg. Sie fühlte sich von der PM kontrolliert, gegängelt und oft auch ausgebootet. Mit großem Unwohlsein kam sie zur Arbeit, was sich sehr bald psychosomatisch ausdrückte – Fehltage waren die Folge. Dabei wollte sie es allen recht machen: ihrem Chef und der PM. Sie war sehr pflichtbewusst und loyal, so behielt sie die Schwierigkeiten mit der Kollegin zunächst für sich. Wen sie dabei vergaß, war sich selbst. Eines Tages rang sie sich durch und sprach mit ihrem Chef über die Problematik. Er bekam nicht mit, was sich vor seiner Tür bis dato abspielte. Mit klärenden Gesprächen versuchte er, zwischen den beiden zu vermitteln, was aber leider erfolglos blieb. Am Ende schmiss die Assistentin ihren Job hin. Sie merkte, dass sie vor allem für sich selbst verantwortlich ist.

Und sie hatte die Wahl: Zu gehen oder zu bleiben.

Mein Optimismus veranlasst mich zu der Auffassung, dass man immer mit allen und jedem reden kann – und auch sollte. Aber hier blieben die Gespräche leider fruchtlos. Daher verstehe ich die Entscheidung der Assistentin. Wie sagt ein Sprichwort so treffend: „Steig ab, wenn das Pferd tot ist." Und glauben Sie mir: Es war tot!

Die traurige Bilanz: In diesem Fall hat die Assistentin entschieden, sich vom Acker zu machen. Das hat zwar ihr eigenes Problem mit dem Stress gelöst – immerhin –, vermutlich jedoch nicht den Konflikt der nächsten Dreierkonstellation.

Dennoch: Bleiben Sie bitte hoffnungsvoll. Solch eine Situation ist nicht immer zum Scheitern verurteilt. Sobald man offen miteinander umgeht, ist dies überhaupt kein Problem. Dazu gehört allerdings die nötige Toleranz, absolutes Vertrauen sowie ehrliches und zeitnahes Feedback. Letzteres aber bitte nur in Maßen und wertschätzend.

> Auf der einen Seite des Blattes steht, wie man mit Ihnen umgeht und auf der anderen, ob Sie dies zulassen. Und genau das ist die große Frage, die Sie sich immer wieder stellen sollten.

3.3   Und was ist mit Macht?

Sprechen wir doch mal über Macht! Lassen Sie sich gängeln, kontrollieren und manipulieren oder möchten Sie selbst Einfluss nehmen? Bei letzterem ergreifen Sie die Macht. Wie geht es Ihnen eigentlich bei diesem Wort? Viele Frauen mögen dies nicht, weil es bei ihnen negativ behaftet ist – sie assoziieren damit Machtkampf, Manipulation, Dominanz und Kontrolle. Dabei ist Macht etwas Wundervolles, etwas Erstrebenswertes, ja sogar etwas Essenzielles! Denn was ist das Gegenteil von Macht? Ohnmacht – genau! Kaum etwas ist doch schlimmer als die Ohnmacht! Warum? Ohnmächtig zu sein bedeutet handlungsunfähig zu sein. Wie blöd ist das denn, bitte?! Sie sind machtlos, erschöpft, schwach, wie gelähmt, ja schier bewusstlos – schachmatt im Kopf. Schluss, aus, vorbei. Basta mit Pasta. Rien ne va plus – nichts geht mehr! Aus die Maus, Sie gehen nach Haus. Wenn Sie das dann mal könnten – in Ihrem gelähmten Zustand.

Diese meine kleine Hineinsteigerung dürfte deutlich machen, dass diese Art der Hilflosigkeit uns absolut wehrlos macht. Wir sind ausgeliefert. Hingegen Macht Sie zum Handeln er**mächt**igt und gleichbedeutend ist mit imstande sein etwas zu tun, etwas zu können, etwas zu erreichen. Es bezeichnet unsere Fähigkeit, andere Menschen zu beeinflussen. Und nicht unbedingt zu ihrem Nachteil. Würden wir von unseren Eltern damals nicht massiv beeinflusst worden sein, lebten wir heute auf einem Affenfelsen, wo das Recht des Stärkeren gilt. Also machen Sie etwas aus Ihrer Macht: Treffen Sie Entscheidungen und übernehmen Sie Verantwortung!

Die Sandwich-Position

Ungeachtet dessen, was in Ihrem Arbeitsvertrag steht: Als Assistenz sitzen Sie immer zwischen den Stühlen!

Ob Sie für den Chef arbeiten oder für ein Team – Sie leben in der Sandwich-Position. Eben weil Sie sich mittenmang befinden und Kommunikation zu beiden Seiten betreiben. Mitunter kommt es zu Interessenkonflikten. Und weil Sie es allen recht machen möchten, bedeutet dies Stress für Sie.

Nehmen Sie den Druck heraus und versuchen Sie, schwierige Situationen von oben zu betrachten. Wie sehen diese aus der Metaebene aus? Wo liegt „der Hase im Pfeffer"? Gibt es Meinungsverschiedenheiten beim Ziel oder beim Weg dorthin? Erst wenn Sie beide Seiten verstehen, können Sie Ihrer Rolle als Vermittlerin gerecht werden. Wenn Sie Ihr Gegenüber nicht verstehen – sei es sein Verhalten oder was er sagt – dann versuchen Sie, das Bedürfnis dahinter zu erkennen. Wo herrscht ein Mangel vor? Geht es um Macht, Kontrolle, Anerkennung oder sind Selbstbestimmung, Freiheit und Zugehörigkeit die treibenden Kräfte? Überlegen Sie, was Sie tun können, um in dieses Bedürfnis einzuspeisen. Und wenn es ums Recht geht – das hat jeder, zumindest in seiner ganz eigenen Welt. Eine Lösung ist, nicht in „entweder oder", sondern in „sowohl als auch" zu denken. Manches Mal kann man auch zwei Wahrheiten nebeneinander gelten lassen. Muss man sogar. Einig sein sollte man sich hingegen, worauf es ankommt: Ist das Ziel oder der Weg entscheidend?

Im nächsten Kap. 4 schauen wir uns die Stressoren an und wie Sie damit umgehen können.

4

Die Stressoren der Assistenz

Was Chef, Kollegen und Co. von Ihnen erwarten

Sätze wie „Wir müssten mal …" und „Können Sie mal eben schnell …" bestimmen Ihren Arbeitsalltag. Die Erwartungshaltung ist hoch. Auch die Taktzahl. Ihr Chef delegiert, was er nur kann. Er erwartet, dass Sie ihm alles abnehmen und immer für ihn da sind. Ihn unterstützen, wo Sie können – ihm einfach den Rücken freihalten, damit er seinen Job machen kann und seine Ziele erreicht.

Wenn Sie eine Frau zur Chefin haben, haben Sie womöglich noch mehr Stress. (Ja, meine verehrten Führungsfrauen, ich habe ja gesagt, dass ich darauf zurückkommen werde.) Meist verlangen Frauen in Führungspositionen noch mehr als ihre männlichen Kollegen. Das ist dem Umstand geschuldet, dass die Frau denkt, sich vor ihren testosterongesteuerten Mitstreitern auf

© Springer Fachmedien Wiesbaden GmbH, ein Teil von
Springer Nature 2018
M. Zenk, *Der Anti-Stress-Trainer für Assistenzen,*
https://doi.org/10.1007/978-3-658-21046-5_4

der Entscheiderebene beweisen zu müssen. Leider hat sie damit nicht immer Unrecht. Jedoch wirkt sich das wiederum auf die Erwartungshaltung Ihnen gegenüber aus. Hier müssen Sie deutlich mehr Imagepflege betreiben. Nicht nur für Ihre Chefin, sondern auch für sich selbst – für Ihr rein weibliches Gespann an sich. Seien Sie sich bewusst, dass Sie in dieser Konstellation immer noch als Exot gelten. Ein männlicher Assistent würde diese Zusammensetzung nicht unbedingt weniger speziell machen. Der Anspruch an Sie beide ist hoch.

Möglicherweise haben Sie das Glück und arbeiten nur für einen Chef. Vielleicht unterstützen Sie auch sein ganzes Team. Was erwarten wohl die Kollegen von Ihnen? Hier gibt es viele Trittbrettfahrer: Ein Kollege sieht, was Sie alles für seinen vermeintlich ebenbürtigen Kollegen tun, findet Geschmack daran und zack – er wünscht sich das Gleiche. Oder verwechselt er etwa seine Ansprüche mit denen, die Ihr Chef an Sie hat und auch nur er haben darf?

Und wie sieht es mit Ihrer Familie aus? Haben Sie einen Partner, Kinder oder andere zu betreuende Menschen – vielleicht auch ein Tier? Diese Wesen wünschen sich ebenfalls Ihre Zuwendung. Wie gehen Sie damit um? Haben Sie Ihr Leben so gut strukturiert, dass Sie Familie und Job gut miteinander vereinbaren können? Oder funktionieren Sie nur irgendwie?

Wussten Sie, dass ein Hamsterrad von innen aussieht wie eine Karriereleiter?

Was erwarten Sie von sich selbst?
Jetzt mal ehrlich – Hand aufs Herz: Was darf man denn von Ihnen erwarten? Wofür sind Sie eingestellt worden? Was können Sie tatsächlich leisten? Realistisch meine ich. Und wofür stehen Sie eigentlich morgens auf? Was haben

Sie sich auf die Fahne geschrieben? Ganz konkret: Was erwarten Sie selbst von sich? Das finde ich ja fast am spannendsten…

Falls Sie es noch nicht getan haben, möchte ich Ihnen ans Herz legen, sich diesen Fragen zu stellen. Bitte schriftlich. Im Kopf können Sie nur begrenzt weit denken. Außerdem haben Sie es dann schwarz auf weiß. Das kommt Ihrem Unterbewusstsein zugute.

Das Unterbewusstsein

Es soll rund 95 % unseres Selbst ausmachen. Das bedeutet, dass für unser Oberbewusstsein (umgangssprachlich als Bewusstsein bekannt) nur noch 5 % übrig bleiben. Welcher Teil ist nun wofür verantwortlich?

Das wache, helle Bewusstsein ist für alles Neue sowie für Lernprozesse zuständig. Hier ist auch unser Wille zu Hause. Er ist der Nabel unserer inneren Welt – das Kernstück, damit unsere Ziele überhaupt fruchten können. Aber unser Verstand denkt abstrakt. Das heißt, er tilgt Einzelheiten, um unseren Denkprozess zu vereinfachen. Dies führt dazu, dass wir häufig verallgemeinern. In Kombination mit unserem Kurzzeitgedächtnis entstehen im Veränderungsprozess dann folgende kontraproduktive Fragen: „Wozu war das noch einmal gut?" „Was wollte ich damit jetzt genau erreichen?" Das liegt daran, dass sich unser Bewusstsein sowohl an der Vergangenheit als auch an der Zukunft orientiert. Und da letztere nun einmal ungewiss ist, feuert unser Gehirn solche Sätze ab wie: „Das hat doch bisher alles ganz gut geklappt!" „Wer weiß, ob sich die Mühe überhaupt lohnt." Merken Sie es? Der Aufwand erscheint so groß, dass der Veränderungswille ganz schnell wieder infrage gestellt wird.

Unser Unterbewusstsein kümmert sich indes um die Gegenwart. Es reagiert auf Reize und Emotionen. In welcher Art und Stärke – das hängt ganz von unseren Blockaden, Denkmustern,

Glaubenssätzen, inneren Überzeugungen und Werten ab; je nachdem wie diese getriggert werden. Wie unsere Körperfunktionen, erledigt unser großes Unbewusstes alles Erlernte routiniert und automatisiert. Weil es in Bildern denkt und auch das Langzeitgedächtnis beherbergt, tun wir gut daran, unsere Ziele nicht nur aufzuschreiben, sondern auch im wahrsten Sinne des Wortes auszumalen. Also spielen Sie nicht nur in Gedanken mit Farbe, sondern nehmen Sie wahrhaftig Buntstifte in die Hand. Untermauern Sie Ihre Ziele obendrein mit Collagen. Und zwar so detailliert wie möglich. Bringen Sie Ihre fünf Sinne ins Erleben. Damit speichern Sie sich Ihr Ziel gleich auf mehreren Ebenen ab. Es wird ganzheitlich spürbar, was Ihre intrinsische Motivation schürt.

Mit dieser Hintergrundinformation möchte ich aufzeigen, warum Veränderung so oft nicht stattfindet. Sie ist unfassbar anstrengend, bedarf höchster Konzentration und ist ohne Durchhaltevermögen und unterstützenden Ressourcen schier aussichtslos.

Dabei können wir uns glücklich schätzen, dass die Evolution uns mit einem so großen Erfahrungsschatz ausgestattet hat. Allerdings läuft unser Rechenzentrum weit unter unseren Möglichkeiten. Der Flaschenhals ist hier der unbeständige Zugriff auf den Löwenanteil. Deshalb: Erhöhen Sie Ihre fünfprozentige Chance auf Zielerreichung. Machen Sie Ihr Unterbewusstsein zu Ihrem Komplizen. Füttern Sie Ihren unbewussten Anteil immer wieder mit Bildern und Emotionen zu Ihrem Zielzustand. Es braucht Wiederholungen, damit es seine Aufgabe – neu erlernte Muster abzuspulen – verinnerlichen kann. Im günstigsten Fall folgen Sie Ihrem Ziel schon bald wie ferngesteuert – höchst ökonomisch.

Lassen Sie uns nun einen Blick auf die häufigsten Stressfaktoren Ihrer Gleichgesinnten schauen.

4.1   Stressor # 1: Der Leistungsdruck

Sie möchten ja ableisten und Ihren Weg gehen. Dabei Ihre Aufgaben erfüllen, alles richtig anstellen, niemanden enttäuschen – einfach einen guten Job machen. Und natürlich auch Lob und Anerkennung dafür bekommen. Denn nichts ist schöner, als das Gefühl gebraucht zu werden.

Als soziale Wesen sind wir abhängig von der Resonanz anderer, die einen großen Anteil daran haben, dass unsere Bedürfnisse gestillt werden. Daher tun wir viel dafür, gemocht zu werden und es anderen recht zu machen. Wir streben nach Harmonie und Frieden.

Gleichzeitig haben wir Ziele, die wir erreichen möchten, damit wir als Oma im Lehnstuhl eine positive Bilanz über unser Leben ziehen können. Wir möchten zufrieden, glücklich und auch stolz auf uns sein. Dazu gehören Zufriedenheit, Glück und Freude. All das zu erreichen, setzt uns unter Druck. Sprechen wir doch mal wieder über Sie im ganz Speziellen.

Die eierlegende Wollmilchsau

Sie sollen arbeiten wie ein Pferd, fleißig sein wie eine Biene, flink wie ein Wiesel, denken wie ein Mann, klug sein wie eine Eule, treu wie ein Hund, sich geben wie eine Dame und aussehen wie ein junges Mädchen. Wenn Sie dazu noch hellsehend, allwissend und jederzeit erreichbar sind, dann sind Sie perfekt für diesen Job. Herzlichen Glückwunsch! (Bitte schicken Sie mir Ihre Bewerbungsunterlagen.)

Spaß beiseite, Ernst aus der Ecke: Ihr Chef hat Sie eingestellt, damit Sie ihm den Rücken freihalten. Er will sich auf Sie verlassen können. Auch sein Mitarbeiterstab vertraut darauf, dass Sie sich auskennen. Man erwartet eine Spezialistin auf dem Gebiet des Office Managements und darüber hinaus eine Generalistin, die von allem Ahnung hat. Zumindest so viel, dass sie ihr vielschichtiges Aufgabengebiet gut bewältigen kann. Stellt das etwa ein Problem für Sie dar? Zugegeben, die Erwartungshaltung ist schon sehr hoch, klingt dennoch nachvollziehbar, oder? Jeden Tag jonglieren Sie mit zig Bällen. Da ist es wichtig, dass Sie auch „alle Bälle" im Griff behalten.

So zeigen Sie sich leistungsstark

Machen Sie sich zunächst einmal mit den Spielregeln im Sekretariat vertraut – den Dos and Don'ts: Was schickt sich und was bringt Sie zu Fall? Des Weiteren sollten Sie in Erfahrung bringen, wie der Hase läuft: Wer kann gut mit wem und wer mit wem überhaupt nicht? Mit wem hat Ihr Chef zu tun? Wer sind seine Ansprechpartner? Wer gehört zum engsten Kreis? Was bringt ihn auf die Palme und womit können Sie ihn besänftigen? Und was erhofft sich sein Mitarbeiterstab von Ihnen?

Vielleicht fragen Sie sich jetzt, woher Sie das alles wissen sollen. Sie haben mindestens drei Möglichkeiten:

1. Sie treffen Annahmen.
2. Sie finden jemanden, der es weiß.
3. Sie erkundigen sich bei den Beteiligten direkt.

Natürlich fragen Sie gezielt nach, was genau von Ihnen erwartet wird, bevor Sie sich orientierungslos durchs Dickicht bewegen und Ihre wertvolle Zeit verschwenden. Machen Sie sich darüber hinaus Gedanken, was Ihr Chef konkret von Ihnen verlangt. Auch hier gilt: Notfalls nachfragen.

Erstellen Sie dazu noch eine weitere, eigene Liste mit Eigenschaften, welche eine gute Assistenz Ihrer Meinung nach mitbringen muss – wie sie gestrickt sein sollte. Anschließend vergleichen Sie Ihre eigene Liste und die Ihres Chefs: Wo sind Parallelen und wo Unterschiede? Leiten Sie ab, was das für Sie bedeutet.

Als Assistenz brauchen Sie ein ganz bestimmtes Gen: Das Dienstleister-Gen.

(Bitte verwechseln Sie dies niemals mit dem Mutter-Gen!)

Wer das Dienstleister-Gen nicht besitzt, hat im Sekretariat nichts zu suchen! Warum? Na, ganz einfach: Wenn Sie selbst keinen Spaß am Dienen haben, kann man mit Ihnen auch keinen Blumentopf gewinnen.

4.2   Stressor # 2: Das Tier in mir (streng dich an)

> Sie sind ein Tier, mühen sich bis zum Letzten ab. Sie sind pflichtbewusst, fleißig und sehr engagiert. Erfolge muss man sich hart erarbeiten. Sie stehen ständig unter Leistungsdruck. Wenn etwas nicht klappt, strengen Sie sich noch mehr an. Auch weil Sie befürchten, dass es sonst ein anderer macht und dann auch noch besser. In den Tag hineinzuleben – nein, das ist nicht Ihr Ding. Und dennoch: Sie haben sehr oft das Gefühl, nicht das zu schaffen, was Sie sich vorgenommen haben.

Offenbar arbeitet der Antreiber **„streng dich an"** in Ihnen. Der macht Sie so leistungsorientiert.

Das Positive: Ihr hohes Engagement und Ihre Disziplin. Sie haben nicht nur ein gutes Durchhaltevermögen, sondern zeichnen sich auch durch Beharrlichkeit aus. Sie können sich für Neues begeistern, wodurch Sie Ihre Leistung verbessern können.

Das Negative: Sie beißen sich oft fest. Sehen nicht den leichten Weg – wollen ihn nicht sehen. Sie glauben, dass man diesen nicht gehen darf – ohne Fleiß eben keinen Preis.

Unsere inneren Antreiber basieren auf Glaubenssätzen. Welcher **Glaubenssatz** reitet Sie hier?

1. Nur wenn ich mich anstrenge, habe ich Erfolg.
2. Ich darf nicht nachlassen!
3. Ohne vollen Einsatz, habe ich es nicht verdient.
4. Ich schaffe nicht genug!

Sie sollten wissen, dass es für jeden Antreiber auch einen Erlauber gibt. Also, wenn es Ihnen zu anstrengend wird, lösen Sie Ihren Knoten hiermit:

Erlauber für Antreiber „streng dich an": **Du darfst auch mal den leichten Weg gehen und dabei Spaß haben.**

Meilensteine für Ihren Erfolg

Was halten Sie von Meilensteinen, damit Sie Ihr Ziel nicht aus den Augen verlieren? Mithilfe dieser können Sie Ihren Leistungsprozess überwachen. Bei Ihren vielen Herausforderungen schützen diese Sie zudem vor Verzettelung! Schließen Sie alte Aufgaben ab, bevor Sie sich in neue stürzen.

Gleichzeitig können Sie durch das Wahrnehmen Ihrer erreichten Meilensteine, den Fortschritt würdigen und genießen. Das sollten Sie, um in Balance zu bleiben. Wer sich immer nur anstrengt, zerreißt irgendwann. Daher: Hin und wieder durchatmen! Das hält Sie geschmeidig.

Versuchen Sie darüber hinaus – bei aller Anstrengung – ein bisschen mehr Gelassenheit in Ihren Alltag zu bringen. Mit einer einfachen Frage, die Sie sich selbst stellen: „Ist das wirklich so dramatisch?" Wenn Sie hier und da die Dinge etwas lockerer sehen, umschiffen Sie automatisch das Gefühl von Überforderung, das Sie gelegentlich heimsucht.

4.3   Stressor # 3: Der Zeitdruck (sei schnell)

Nun sitzen Sie da – vor einem großen Stapel mannigfaltiger Aufgaben. Ja, Sie sind willig und wollen auch alles erledigen. Vor allem aber schnell. Deshalb haben Sie im PC mehrere Fenster gleichzeitig geöffnet. In Ihrem Kopf laufen Sätze wie: „Ich muss das schaffen, bevor…". Sie möchten nämlich vermeiden, dass die Tür aufgeht und wieder eine dieser nervigen Fragen kommt: „Wo bleibt denn …?", „Wie weit sind Sie mit …?", „Können Sie mal eben schnell …", „Das hier muss auch noch erledigt werden." Sie kennen das: Viele Aufgaben und immer zu wenig Zeit. Am besten soll alles gleichzeitig fertig werden. Sie fangen an zu rudern.

Und obwohl Sie rudern, sind Sie motiviert und legen los. Doch dabei bleibt es nicht: Nachdem Ihr Chef Ihnen seine Themen überreicht hat, kommt Ihr Kollege mit weiteren Aufgaben. Auch die anspruchsvollen sind Sie gewohnt. Kein Grund zum Verzweifeln. Noch ist alles gut. Aber dann klingelt das Telefon: Ein Geschäftspartner wartet auf die versprochene E-Mail. Der Empfang reiht sich ein und meldet den nächsten Besucher an. Und wie zu erwarten war, nörgeln die ersten Kollegen, ob Sie deren E-Mails schon gelesen haben. Alles zehrt und zieht an Ihnen. Als wenn der Leistungsdruck nicht genug Stress bedeuten würde, sitzt Ihnen nun obendrein die Zeit im Nacken.

Die häufigsten Fehler:

- Zig Fenster gleichzeitig geöffnet haben. Alles wird angefangen – nichts wird abgeschlossen.
- Einen knappen Erledigungstermin versprechen, obwohl Ihr Gegenüber gar nicht danach gefragt hat.
- Themen wie heiße Kartoffeln zu behandeln, nur um sie schnell vom Tisch zu bekommen.

Qualität vor Quantität kann Sie davor schützen.

Der Zeit Herr werden durch Selbst-Management

Viele sprechen von Zeit-Management, dabei können Sie die Zeit gar nicht managen. Ist es nicht klasse: Völlig irrelevant, ob arm oder reich – jeder hat nur 24 h zur Verfügung. Daher heißt es, sich selbst so zu strukturieren, dass man seine Aufgaben innerhalb der zur Verfügung stehenden Zeit hinbekommt.

Priorisieren Sie Ihre Aufgaben immer wieder neu. Arbeiten Sie dabei nach dem Eisenhower-Prinzip. (Erklärung folgt sogleich). Den Druck schaffen Sie sich ebenfalls vom Hals, wenn Sie a) Ihre „Auftraggeber" beschäftigt halten (selbstverständlich sinnvoll) und b) versuchen zu erspähen, was als Nächstes angemahnt wird. Nutzen Sie dafür Ihre Intuition – sie beruht auf Ihren Erfahrungswerten.

Und bitte: Nehmen Sie sich die Zeit und hören Sie Ihrem Gegenüber bis zum Ende zu. Wenn Sie gern etwas überhören, dann resümieren Sie am Gesprächsende, was Sie kognitiv verstanden haben. So kann Ihr Gesprächspartner gegebenenfalls nochmal korrigieren. Überdies bekommt er die Gewissheit, dass Sie alles aufgenommen haben. Gleichzeitig ist es für Sie – die ja von der schnellen Sorte ist – wichtig, auf Genauigkeit zu achten. Checklisten helfen Ihnen, damit nichts durchrutscht. Bemühen Sie sich, selbst langsamer zu sprechen und stellen Sie sicher, dass man Ihnen folgen kann.

Machen Sie nicht das dreizehnte Fenster auf, sondern treten Sie auf die Bremse und arbeiten die bisher offenstehenden Fenster sukzessive ab. Lassen Sie sich nicht hetzen!

Bieten Sie Ihren Kunden keine Termine an, die Sie nicht einhalten können. Im Gegenteil: Versuchen Sie, sich Luft zu verschaffen.

Und behandeln Sie Ihre Themen nicht wie heiße Kartoffeln. Wenn Sie oberflächlich und somit unsauber arbeiten, kommt diese „Kartoffel" schneller und heißer zu Ihnen zurück, als Ihnen lieb sein dürfte.

Das Eisenhower-Prinzip

Der ehemalige 34. US-Präsident und Alliierten-General, Dwight David Eisenhower, hat zur Priorisierung von Aufgaben folgendes System entwickelt:

- A-Aufgaben sind wichtig und dringend – sollten daher sofort erledigt werden.
- B-Aufgaben sind wichtig, aber nicht dringend – können in die Zeitplanung mit aufgenommen werden.
- C-Aufgaben sind dringend, aber nicht wichtig – können auch delegiert werden.
- D-Aufgaben sind weder wichtig noch dringend – fragt sich, ob sie nutzlos sind und gleich in den Papierkorb wandern.

Ihnen schmeckt der Zeitdruck?

Dann überprüfen Sie bitte folgende Aussagen:

Sie sind immer beschäftigt. Sie sind immer auf Trab. Die Zeit läuft, denn Zeit ist Geld. Deshalb erledigen Sie auch viele Dinge gleichzeitig. Sie unterbrechen Ihr Gegenüber, weil Sie entweder meinen, ihn schon nach dem halben Satz verstanden zu haben oder aber voreilig selbst noch etwas ausführen möchten. Nicht selten überspringen Sie ein Wort, weil Sie hastig sprechen. Deswegen sprudeln auch so einige unüberlegte Worte aus Ihrem Mund. Sie wollen eben sofort Antworten liefern. In einer Gruppe sind Sie meist die treibende Kraft, weil Sie sofort nach dem Zepter greifen. Abzuwarten würde einfach zu lange dauern. Apropos Geduld … was war das gleich? Man sagt Ihnen mitunter nach, hektisch und immer schon im nächsten Film zu sein. Daher können Ihnen viele gedanklich auch nicht folgen. Bei Ihrem Tempo kein Wunder.

Ruhiges und konzentriertes Arbeiten fällt Ihnen enorm schwer. Bis zum Ende zuzuhören, empfinden Sie als eine Qual. Alles muss zack zack gehen. Sie brauchen Dynamik und Action. Deshalb flitzen Sie hastig über die Flure und Ihr Kopf erreicht Ihr Büro eher als Ihre Beine, die Sie kümmerlich nachziehen.

Beschreibt das Ihr Wesen? Dann darf ich Ihnen Ihren inneren Antreiber vorstellen: „Gestatten, **sei schnell**." Er ist Ihr Motor – im wahrsten Sinne des Wortes.

Das Positive: Sie sind ein leistungsorientierter Mensch. Daher schaffen Sie viel, wenn auch nicht immer fehlerfrei. Ihre Leistungsbereitschaft ist sehr hoch. Von Ihrer Aktivität ganz zu schweigen.

Das Negative: Sie haben Konzentrationsschwierigkeiten. Sie sind wenig, nein eigentlich gar nicht achtsam. Dadurch entgehen Ihnen vor allem die nonverbalen Botschaften, die für Ihre Weiterentwicklung wichtig sein könnten. Genuss fällt Ihnen schwer, weil Sie nie im Hier und Jetzt sind.

Solange Ihr Antreiber Ihnen guttut **und** sozialverträglich ist – wunderbar. Aber wehe, Sie übersehen durch Ihre Schnelligkeit etwas Wichtiges – machen dadurch Flüchtigkeitsfehler. Das lässt Sie inkompetenter aussehen als Sie sind. Das können Sie unmöglich wollen!

Welcher **Glaubenssatz** triggert Sie hier?

1. Ich muss stets nach vorn sehen.
2. Ich darf keine Zeit verschwenden.
3. Ich verpasse immer das Wesentliche.
4. Ich darf mir für mich keine Zeit nehmen.
5. Um mich geht es hier nicht.

Sobald Ihnen schwindelig wird, ziehen Sie die Handbremse.

> Erlauber für Antreiber „sei schnell": **Du darfst dir Zeit nehmen und Pausen machen.**

Probieren Sie es aus und entscheiden Sie selbst, ob und wann Sie sich beeilen oder es mal mit etwas mehr Zeit ausprobieren möchten. Beachten Sie dabei auch Ihre Leistungskurve. Nehmen Sie sich bitte die Zeit, die die jeweilige Aufgabe verdient.

Gehörten Sie in der Schule etwa zu denen, die ihre Klassenarbeit zuerst abgegeben haben? Und, was hat es Ihnen gebracht? Ich wette, Sie haben mal etwas übersehen! Vielleicht eine Frage nicht verstanden, weil Sie sie entweder nur oberflächlich oder nicht bis zu Ende gelesen haben. Ich kann mir gut vorstellen, dass Sie sogar ganze Aufgaben ausgelassen haben. Ist doch klar: „Verstehe ich nicht, also zack zur nächsten Aufgabe – diese hier mache ich dann am Ende." Haha. Wahrscheinlich haben Sie sich so manches Mal geärgert. Und warum? Zu Recht! Flüchtigkeitsfehler sind echt ärgerlich und völlig überflüssig. Dafür hat auch kein Chef Verständnis. Pfui!

> Eile mit Weile. In der Ruhe liegt die Kraft!

PS: Haben Sie in diesem Kapitel eigentlich auch ein paar Sätze noch einmal gelesen, weil Sie wieder zu schnell waren und der Satz am Ende für Sie nicht aufging? Wusste ich es doch!

4.4 Stressor # 4: Die Illusion „Jemals fertig zu werden"

Jetzt arbeiten Sie schon so schnell es geht und glauben tatsächlich, dass Sie dadurch jemals fertig werden? Mal ehrlich … NEIN! Wenn Sie sich wirklich im Drehkreuz befinden, dann halte ich das für eine Illusion. Vielbeschäftigte werden niemals fertig! „Und jetzt", fragen Sie? Jetzt machen Sie einfach weiter und zwar in Ruhe. Eines nach dem anderen. Gern auch ambitioniert. Und wenn Sie Feierabend machen möchten, dann brechen Sie halt ab.

Sie finden das frustrierend? Ist es nicht viel frustrierender zu schuften, sich zu beeilen und sich immer wieder zu fragen, was Sie bloß falsch machen, was mit Ihnen nicht stimmt? Ob Sie vielleicht zu langsam, zu blöd oder unfähig sind? Oder ob Ihr Chef gar Unmenschliches von Ihnen verlangt? Sie haben die Wahl, ob Sie der Täuschung ein Ende setzen wollen und sich hier und jetzt von dieser Illusion spontan verabschieden.

Ich möchte doch nur, dass Sie Ihren Frieden finden und nicht Tag für Tag unzufrieden mit sich selbst sind.

Reflektieren Sie bitte Ihre Arbeitstage: Wie oft haben Sie das geschafft, was Sie genau für den Tag geplant hatten? Wie oft nicht? Und was haben Sie dann gemacht? Länger gearbeitet oder auf den nächsten Tag verschoben? Was meinen Sie, woran das wohl liegt? Sie sind doch nicht wirklich zu langsam oder zu doof – ich bitte Sie! Ja, vielleicht verlangen Ihr Chef und Ihre Kollegen viel von Ihnen. Möglich ist doch aber auch, dass Sie von sich selbst zu viel verlangen. Wenn Sie in einer starken Abhängigkeit arbeiten – was man als Assistenz zweifelsfrei tut – dann können Sie eben maximal die Hälfte der Zeit verplanen. Die andere Hälfte geht für Unvorhergesehenes drauf. Dazu kommt, dass wir heutzutage einfach auf zu vielen Kanälen erreichbar sind.

Zu meinen Zeiten als Jungsekretärin kam einmal am Tag die Post – vielleicht noch ein Expressdienst am Nachmittag. Fertig! Telexe waren überschaubar, Faxe wurden populärer und die ersten E-Mails trudelten ein. Man unterschied noch zwischen einem Auto- und einem Mobiltelefon. Nicht, dass ich mich langweilte – ich hatte ein gutes Tempo und viel zu tun, kam aber mit meinen zwei Händen wunderbar zurecht.

Heute reichen diese kaum aus. Von allen Seiten werden Sie in atemberaubender Geschwindigkeit bombardiert. Sehr oft sogar gleichzeitig: Anrufe auf dem Festnetz, über Handy, dem iPad, ja sogar über den Computer. Nachrichten erreichen Sie über verschiedenste Dienste auf unterschiedlichsten Geräten. Die Post kommt konventionell, per Fax oder via E-Mail. Neben zig Expressdiensten flitzen Fahrradkuriere bis spät abends durch die Stadt. Erste Drohnen liefern aus. Wir sind weder körperlich noch geistig dafür ausgestattet, diese Flut in dieser hohen Frequenz bedienen zu können. So ist es kein Wunder, dass wir uns verzetteln, viele Dinge gleichzeitig erledigen (wollen), weil sie schlichtweg parallel eintreffen. Das wir am Ende des Tages nur wenig davon bearbeitet haben können, liegt auf der Hand – oder besser gesagt, abends immer noch auf Ihrem Schreibtisch.

Freuen Sie sich doch: Ihr Job ist offenbar nicht in Gefahr. Sie sind wichtig, ergo Sie werden gebraucht! Möglicherweise sogar noch eine weitere Kraft. Es liegt also nicht an Ihnen, sondern an der hohen Taktung im Sekretariat, die durch die multiple Erreichbarkeit vorherrscht sowie an der Aufgabenvielfalt. Es ist alles deutlich komplexer geworden.

Bitte wachen Sie auf!

Gehen Sie die Dinge realistisch an und verabschieden Sie sich von der Illusion des Jemals-fertig-werdens. Gewöhnen Sie sich an das Gefühl des Abbrechens. Verplanen Sie nur maximal 50 % Ihres Tages. Geißeln Sie sich nicht für das, was Sie nicht schaffen. Vielmehr loben Sie sich für das, was Sie schon geschafft haben.

Kommen wir zum nächsten Hirngespinst, was unmittelbar hiermit zusammenhängt.

„Wenn ich mein tägliches Pensum schaffen will, dann muss ich halt länger arbeiten." Ein Trugschluss! Viele meiner Kunden denken das und erhöhen ihre Arbeitszeit um Stunden – und das sogar täglich. Erstens steigt Ihnen Ihr Betriebsrat bei mehr als zehn Stunden aufs Dach und zweitens hat Ihr Arbeitgeber auch eine Fürsorgepflicht zu erfüllen. Nämlich dafür Sorge zu tragen, dass Sie sich nicht überarbeiten, stattdessen in die Freizeit gehen. Das nennt man auch Sozialkompetenz. Lassen Sie sich bitte gesagt sein, dass Sie sich im Kreis drehen. Wer immer zehn, zwölf Stunden arbeitet, wird auch immer Arbeit für zehn, zwölf Stunden haben. Jetzt fragen Sie sich, wie Sie die Arbeit denn schaffen sollen? Schlimmstenfalls gar nicht! Sie können nur das leisten, was eben in acht, neun Stunden am Tag möglich ist. Vorausgesetzt Sie hatten bei Ihrer Geburt Glück und besitzen schon die Vollausstattung: Einen flexiblen Kopf, zwei geschickte Hände und zwei flinke Beine. Mehr geht einfach nicht! Hätten Sie mehr davon, wären Sie nicht im Unternehmen tätig, sondern im Zirkus.

So bekommen Sie alles in den Griff

Gehen Sie nach einem angemessenen, fleißigen Arbeitstag bitte nach Hause. Ruhen Sie sich aus. Entspannen Sie sich. Suchen Sie Zerstreuung und sammeln Sie Kraft, damit Sie am nächsten Tag wieder putzmunter an Ihren Arbeitsplatz zurückkehren können. Um widerstandsfähig zu bleiben, sollte auf Anspannung Entspannung folgen. Es ist wie beim Ein- und Ausatmen. Andernfalls bricht Ihr System zusammen. Und dann ist nichts mehr mit Resilienz. Selbstkompetenz nennt man den guten Umgang mit sich selbst. **DAS** wird von Ihnen erwartet. Selbstverständlich schieben Sie mal Überstunden, aber doch nicht täglich! Insofern heißt es Abbruch, Mut zur Lücke und Feierabend!

Bei allem Engagement und Optimismus: Wir können nicht alles bewältigen! Wir müssen immer wieder etwas durchs Raster fallen lassen, Prioritäten neu setzen und Entscheidungen treffen.

Die Energiewende im Sekretariat: Tatsachen unter ISSO (= es ist so wie es ist) verbuchen.

4.5 Stressor # 5: Nicht loslassen können

Sagen Sie bloß, Sie gehören zu den Menschen, die immer die Geschirrspülmaschine im Büro ausräumen? Witzig: Egal in welches Unternehmen ich komme – die „Minna" ist immer ein Thema. Aber zurück zu Ihnen. Wenn Sie sich dafür verantwortlich fühlen, dann ehrt Sie das. Und wenn dies tatsächlich zu Ihren Aufgaben gehört, dann will ich nichts gesagt haben. Außerdem gibt es Dinge, die nur durch Sie persönlich erledigt werden können. Sicher?

Warum sind Sie davon so überzeugt? Finden Sie heraus, woran das bei Ihnen liegt. Darf es tatsächlich niemand anderes machen? Oder kann es kein anderer? Oder meinen Sie vielleicht, keiner kann es so gut wie Sie? Oder vertreten Sie etwa die Devise „bis ich dem das erklärt habe, habe ich es schon selbst erledigt." In diesem Fall hielten Sie es nur für Zeitverschwendung. Solange das nur manchmal zutrifft, ist alles in Butter. Denken Sie das aber überwiegend, dann halte ich es für einen billigen Vorwand.

Apropos Butter … „Jetzt mal Butter bei die Fische": Haben Sie nun überproportional viel Arbeit oder nicht? Dachte ich es mir doch! Und wissen Sie auch warum? Weil Sie nicht loslassen können oder wollen! Und wie lösen Sie nun das Problem? Was halten Sie hiervon:

Langsam herantasten

Schritt 1: Beginnen Sie mit einem Vorgang, den Sie als nicht ganz so dramatisch ansehen. Delegieren Sie ihn an einen Kollegen und geben Sie ihm alle nötigen Hintergrundinformationen. Überlegen Sie sich gut, ob Sie ihm nur das Ziel vorgeben oder auch den Weg dorthin. Je nachdem, was davon wichtig ist. Bedenken Sie aber auch, dass die Motivation schwinden könnte, sollte die Leine zu eng genommen sein.

Schritt 2: Schenken Sie dem Kollegen bitte auch das nötige Vertrauen für eine gewissenhafte Erledigung der Aufgabe. Das heißt: Geben Sie ihm Zeit und haken nicht ständig nach.

Schritt 3: Nehmen Sie das Ergebnis wohlwollend zur Kenntnis. Selbstverständlich hätten Sie das alles ganz anders gemacht. Sie heißen ja auch anders. Und durch Ihre Brille schaut es sich obendrein ganz anders. Prüfen Sie doch bitte ehrlich, ob das Resultat so stehen bleiben und auch als solches von Ihnen anerkannt werden könnte.

Schritt 4: Verbuchen Sie den Versuch als das, was er tatsächlich ist: geglückt, nur so halb oder misslungen.

Schritt 5: Sollten Sie mit dem Ergebnis nicht zufrieden sein, dann prüfen Sie, woran das gelegen hat. Gehen Sie dazu ins Feedback-Gespräch mit dem Kollegen und starten Sie einen neuen Versuch – unter Berücksichtigung der eruierten Erkenntnisse.

Sollte der Testballon wider Erwarten gut vonstattengegangen sein, dann wissen Sie ja jetzt, wie loslassen funktioniert und können es weiter üben.

Versuch macht klug.

Genug Arbeit haben Sie allemal. Bei der Flut, die täglich reinkommt.

Kommen wir zu einem weiteren, typischen Indiz für Menschen, die nicht loslassen können.

„Das mache ich bei Gelegenheit." Beherbergen Sie etwa noch ein Gelegentlich-Fach? Bezeichnenderweise landen hier die Dinge, die man bei Gelegenheit erledigen möchte. Zum Beispiel, wenn der Chef im Urlaub, länger auf Dienstreise ist oder – ganz beliebt – für *zwischen den Jahren*. Diese Dinge sind weder dringend noch wichtig, aber irgendwie „nice to have". Zum Wegschmeißen zu schade. Deswegen planen Sie sie fürs Sommer- oder Winterloch. „Bullshit", sage ich! Seien Sie aufrichtig – diese angedachten Lücken entstehen gar nicht! In Wirklichkeit haben Sie doch genug zu tun und Ihr Gelegentlich-Fach läuft irgendwann über. Und was tun Sie dann? Sagen Sie nicht, Sie fangen ein zweites an! Dieses Fach können Sie sich heutzutage einfach nicht mehr leisten! Wenn etwas wirklich wichtig ist, wird es erneut auftauchen. Vertrauen Sie darauf!

Ich biete Ihnen drei Möglichkeiten

1. Falls das Bedürfnis des Habenwollens hoch ausgeprägt ist, dann machen Sie es doch sofort. Gerade wenn es eine Kleinigkeit ist.
2. Wenn das nicht geht und Ihnen das Thema wirklich lieb und teuer ist, terminieren Sie es direkt und gehen es zum Termin dann auch wirklich an.
3. Für den wahrscheinlicheren Fall bei Unterlagen, die weder wichtig noch dringend sind, und die sich im Gelegentlich-Fach eingenistet haben, spielen Sie den Kipplaster. Spätestens bei Überlaufgefahr!

Die klügere Alternative wäre: Alles, was durchs Prioritäten-Raster fällt zukünftig gleich in die Rundablage zu schmeißen. Ihr Papierkorb giert nach diesen Dingen.

Gehen Sie mit mir konform, dass das Körbchen *Gelegentlich* ein Fantasiegebilde ist? Prima. Dann haben wir das auch besprochen!

4.6   Stressor # 6: Die Illusion „Alles perfekt zu machen" (sei perfekt)

> Überlegen Sie, was, wer und wo auf der Welt etwas wirklich perfekt ist. Sie müssten zu der Einsicht kommen, dass nichts wirklich absolut perfekt ist. Sicherlich gibt es Dinge, die sind nahe daran oder für Sie perfekt, aber eben nicht vollkommen. Alles und jeder hat seine Macke. Machen Sie sich das bitte bewusst. Um Ihrer selbst willen! Und da Atmung Verstärkung bringt, atmen Sie bei der Vorstellung am besten gleich dreimal tief durch.

Nicht, dass wir uns falsch verstehen: Sie sollen sehr wohl Leistung zeigen und eine gute Qualität erzeugen. Aber Sie brauchen sich nicht in Dingen zu verlieren, die es a) nicht wert sind, b) nicht einmal bemerkt oder c) von niemanden gewürdigt werden. Das ist vertane Liebesmüh und bringt Sie nur in die Enttäuschung. Erst recht, wenn Sie überproportional viel Zeit in die Arbeit gesteckt haben. Also: Schluss damit! Hören Sie auf, sich den ganzen Tag darüber zu ärgern. Packen Sie es in Ihren ISSO-Ordner (Details finden Sie im Abschn. 5.4) und verpulvern Sie nicht Ihre ganze Energie. Nichts ist wirklich perfekt! Nahe daran reicht vollkommen aus! Damit Sie zufrieden den Tag beenden können, sollte Effizienz Ihr Ziel sein.

Setzen Sie sich realistische Ziele

Machen Sie sich schlau, welche Detailtiefe für die Aufgabe erwünscht ist und zu wann sie fertig sein soll. Bestimmen Sie vor den Arbeiten, die Sie sicher wieder ganz perfekt auf Hochglanz polieren wollten, wie lange Sie höchstens daran sitzen möchten. Wenn Sie merken, dass Ihnen die Zeit aus dem Ruder läuft, pausieren Sie kurz, stehen auf und laufen herum. Unterbrechen Sie gezielt, um sich aus Ihrem unproduktiven Zustand herauszuholen. **Separator** nennt man das in der Psychologie. Gehen Sie dann mit sich ins Gericht: „Ok, die Hälfte der Zeit ist um. Es sieht nicht so aus, als würde ich das in meiner mir selbst vorgegebenen Zeit schaffen, also ..." und jetzt legen Sie sich fest:

Möglichkeit 1: Ich mache es einfach rasch fertig und lese es später noch **einmal** Korrektur.
Möglichkeit 2: Ich fange die Aufgabe nun von hinten an, weil ich vorn gerade hänge. Aus der anderen Perspektive schaffe ich das Verbindungsstück, welches mir gerade fehlt.
Möglichkeit 3: Ich gebe mir x Minuten mehr – dafür muss ich aber eine andere Aufgabe delegieren oder ablehnen.

Die 80-zu-20-Regel

Wussten Sie, dass Sie mit 20 % Aufwand schon 80 % des Ergebnisses erreichen? Leider benötigen wir im Gegenzug dann oft 80 %, um die letzten 20 % der Aufgabe zu erfüllen. Ein Paradoxon. Achten Sie auf Effizienz.

Dieser Effekt wird auch das Pareto-Prinzip genannt. (Vilfredo Pareto, Italienischer Ökonom, 1848–1923)

Sie lieben die Perfektion? Für Sie gilt: Ganz oder gar nicht. Wenn Sie sich einer Sache annehmen, dann machen Sie sie richtig. Sie sind eher ruhig und konzentriert. Sie feilen an Texten nicht nur wegen des sauberen Leseflusses, sondern auch solange bis kein Wort doppelt vorkommt. Tabellen werden exakt bestückt und fein säuberlich sowie konsequent durchformatiert. Bei Präsentationen verlieren Sie sich in einzelnen Folien bis auch die Ästhetik stimmt. Deshalb finden Sie auch immer etwas, was Sie verbessern können. Sie bemühen sich eben um Perfektion. Kosten sind für Sie zweitrangig. Ihre Erwartungen an sich selbst sind hoch – ebenso an Dritte. Weil es immer noch besser geht, sind Sie mit den Arbeitsergebnissen selten zufrieden. Schlampige Arbeit ist für Sie ein Gräuel und kommt gar nicht in die Tüte. Zudem möchten Sie durch Perfektion glänzen und Anerkennung erfahren. Erst dann ist für Sie die Sache rund und Ihr Bedürfnis gestillt.

Entspricht das Ihrem Wesen? Dann haben Sie wohl den Antreiber „**sei perfekt**" in sich wohnen.

Das Positive: Sie sind leistungs- und kompetenzorientiert. Sie finden jeden Fehler, haben den Blick fürs Detail und arbeiten vorausschauend. Sie haben einen Sinn für Vollkommenheit. Bei Ihnen ist alles super ordentlich und sehr gepflegt, da Sie pauschal auf alles Wert legen.

Das Negative: Sie halten die Dinge für wichtiger als sie tatsächlich sind, haben einen hohen Informationsbedarf, um Ihre Detailtiefe zu erfüllen und wenden überproportional viel Zeit dafür auf. Daher kommt es öfter zu Verzögerungen. Sie rechtfertigen sich viel und kritisieren sich und Ihre Arbeit schon im Vorwege. Durch Ihre sehr hohe Erwartungshaltung werden Sie oft enttäuscht. Daher verspüren Sie schnell Ernüchterung, was innere Leere nach sich zieht.

Kann es sein, dass Sie sich verrückt machen, weil Sie einer Illusion hinterherjagen?

Welchem **Glaubenssatz** sind Sie hier aufgesessen?

1. Bloß keinen Fehler machen!
2. Ich kann das noch besser!
3. Nur, wenn meine Arbeit perfekt ist, werde ich auch anerkannt.
4. Perfektion gibt mir Sicherheit.

Also, wenn Sie sich nicht verrückt machen wollen, dann versuchen Sie es mit folgendem Erlauber:

> Erlauber für Antreiber „sei perfekt": **Du genügst so wie du bist und darfst sogar Fehler machen.**

Stellen Sie sich vor, alles wäre perfekt. Was glauben Sie, was dann passieren würde? Nichts! Und warum? Weil eben alles schon perfekt ist. Damit möchte ich zum Ausdruck bringen, wie wichtig die Imperfektion ist. Etwas ist unvollkommen, für Sie nicht richtig, also für Sie quasi falsch. Diesen Zustand beschreiben wir dann oft als fehlerhaft. Und jetzt sind wir bei Ihrem ungeliebten Wort: Fehler. Aber ohne Fehler wären Sie arm. Nur ein schöner, dicker Fehler bringt Sie wirklich weiter. Stellen Sie sich vor, Sie würden keine Fehler machen. Dann könnten Sie sich gar nicht weiterentwickeln. Und wenn Sie sich nicht weiterentwickeln könnten, blieben Sie immer „verwickelt". Sie blieben demnach stehen, träten auf der Stelle. Das wäre doch schade, ja fast verschwendete Lebenszeit. Vielleicht wirft uns ein Fehler manches Mal etwas zurück.

Wenn wir daraus die Chance zum Lernen ergreifen, kann uns diese Erkenntnis jedoch weit bringen.

Fünf Fehler, die uns bereichert haben

1. Christoph Kolumbus wollte einen neuen Seeweg nach Indien entdecken und stieß dabei auf Amerika.
2. Dank der Schlampigkeit von Bakteriologe Alexander Fleming entstand das wertvolle Penicillin.
3. Teflon entstand durch die Sparsamkeit von Chemiker Roy J. Plunkett.
4. Viagra ist ebenfalls ein Zufallsprodukt, welches bei der Entwicklung von Herz-Kreislauf-Produkten abfiel.
5. Die Schusseligkeit von Fitness-Trainer Alberto Perez brachte die neue Fitness-Bewegung Zumba hervor.

Diese wenigen Beispiele sollen Ihnen Mut machen, Fehler zuzulassen. Das Gute in ihnen zu sehen. Ja, sogar schon fast neugierig auf Ihren nächsten Fehler zu sein.

Durch nichts lernen wir schneller, als durch einen selbst gemachten Fehler. Natürlich ist dieser unbequem, weil er auch negative Emotionen mit sich bringt. Die Gefühle dazu brauchen wir aber, damit unser Unterbewusstsein den Fehler als Erfahrung abspeichert. Nur so können wir in der Zukunft daran erinnert und vor der Wiederholung dieses Fehlers bewahrt werden. Bestenfalls wird gleich eine adäquate Lösung ausgespuckt. Also hören Sie bloß auf, Fehler nur bei anderen zu beobachten. Sie würden sich eine wertvolle Erfahrung nehmen. Vor allem werden Sie Ihren Erfolg deutlich mehr zu schätzen wissen, wenn Sie zuvor gescheitert sind. Zudem dürfen Sie davon ausgehen, dass das Ergebnis durch den vorigen Fehler besser wird als wenn Sie diesen nicht gemacht hätten. Denn, wie es nicht funktioniert, wussten Sie ja schon. Sehen Sie es als Generalprobe an. Übrigens: Ihr Chef hat nichts gegen Fehler, solange Sie ihn nur einmal machen. Vielmehr sollte er das Sprungbrett für Höchstleistung sein. Chefs l i e b e n ansteigende Lernkurven!

4.7 Stressor # 7: Die Contenance (sei stark)

Es geht um die Haltung. Sie bewahrt sie stets, ist wohlgelaunt, dazu immer vorbildlich und adrett. Nur keine Schwäche zeigen – auch wenn es schwierig wird. Und bloß nicht die Nerven verlieren, sondern einen kühlen Kopf behalten.

Sie kann gute Miene auch zum bösen Spiel machen. Das Contenance-Korsett sitzt bei Vollblutassistenzen fest. Besonnenheit, Gemütsruhe und Gelassenheit zeichnen sie aus. Sie behält immer die Fassung, würde auch nie einen über den Durst trinken – denn dann verlöre sie die Kontrolle, die sie braucht, um nicht ins Straucheln zu kommen.

Umschreibt das Ihren Typ? Vielleicht ist es Ihnen angeboren oder anerzogen. In jedem Fall ist die Selbstbeherrschung ein hoher Wert für Sie. Diese ein Leben lang durchzuziehen, beziehungsweise aufrecht zu erhalten, bedarf großer Anstrengung, Zügelung und auch Entbehrung.

Unmaskiert und ohne Korsett

Ich versuche erst gar nicht, Sie davon zu überzeugen, Ihr Korsett im Job abzulegen. Schließlich gehört es zu Ihrem Erfolgsrezept und gibt Ihnen die Sicherheit, die Sie benötigen. Aber Sie sollen wissen, dass Sie noch erfolgreicher sein könnten, wenn Sie ab und zu die Menschen hinter Ihre Maske schauen ließen. Nur ein klitzekleines Bisschen. Bitten Sie hin und wieder mal einen Kollegen um Hilfe. Ob Sie sie brauchen oder nicht. Beobachten Sie, wie sich Ihre Beziehungen dadurch verändern. Sie erhöhen Ihr Ansehen und können Vertrauen ernten. Beides tut gut; Ihrer Position und auch Ihrer Seele. Und wenn Sie zu den ganz Mutigen gehören möchten, dann suchen Sie sich in Ihrer Freizeit eine Beschäftigung, die Ihnen einfach nur so richtig viel Spaß macht. Vielleicht lernen Sie beim Lachen sogar Ihr Zwerchfell besser kennen. Mal nicht müssen müssen! Sie brauchen zwingend Zeit ohne Korsett, damit Sie nicht mürbe werden.

Sie mögen es enganliegend? Sie stehen darauf, die Haltung zu bewahren, auch wenn Sie die Zähne permanent zusammenbeißen. Wie es in Ihnen aussieht, geht niemanden etwas an. Sie kommen allein zurecht und verlassen sich am liebsten auf sich selbst. Sie erschüttert so leicht nichts. Ihnen muss es schon wirklich übel gehen, damit Sie der Arbeit fernbleiben. Manche sagen Ihnen nach, Sie seien stoisch, gingen immer nach dem gleichen Muster vor, hätten Probleme mit Komplexität und Schwierigkeiten, sich auf Neues einzulassen. Sie wären emotionslos, kühl, distanziert – ein Einzelgänger. Dafür sind Sie immer aufs Schlimmste gefasst und wissen sich zu beherrschen.

Wenn Sie sich damit beschrieben fühlen, dann ist der Antreiber **„sei stark"** ein Teil von Ihnen. Da Sie sicherheitsorientiert sind, streben Sie nach Routine, Selbstbestimmung und Autonomie.

Das Positive: Sie sind kraftvoll. Sie haben ein hohes Durchhaltevermögen, sind sehr belastbar. Sie wirken unkaputtbar. In Notfällen bewahren Sie Ruhe und denken strukturiert, logisch, analytisch und sind dadurch sehr konstruktiv.

Das Negative: Sie können sich auf niemanden so richtig einlassen. Sie können sich nicht gut anlehnen und sich nur schwer fallen lassen.

Welcher **Glaubenssatz** hält Sie hier fest?

1. Ich muss auf das Schlimmste vorbereitet sein.
2. Ich muss stark sein – darf mich nicht angreifbar machen.
3. Meine Unabhängigkeit bringt mir große Sicherheit.
4. Ich kann niemandem vertrauen.
5. Wenn ich mein Visier hochklappe, erleide ich Gesichtsverlust.

Wenn Ihnen Ihr Korsett zu eng wird, dann denken Sie über den folgenden Erlauber nach.

Erlauber für Antreiber „sei stark": **Du darfst offen sein und um Hilfe bitten.**

Sie dürfen auch kraftvoll bleiben. Niemand will Ihnen das nehmen! Was halten Sie davon, Ihre Kraft zu erhöhen? Versuchen Sie doch mal, Herausforderungen gemeinsam mit anderen anzugehen und sich zusammen für andere Menschen einzusetzen. Dabei helfen kann Ihnen ein Denken in „wir gemeinsam" anstelle von „ich allein".

Wirklich stark ist, wer sich traut, Gefühle zuzulassen.

4.8   Stressor # 8: Die Harmoniesucht (sei nett)

Bloß keinen Streit! Harmoniesüchtige mögen es gern friedlich. Oft sprechen sie höher als ihre eigentliche Stimmlage ist. Nicht selten gehen sie in einen Singsang über. Auf jeden Fall lächeln sie mehr – mehr als aus psychologischer Sicht nötig wäre.

Versuchen Sie auch, sich immer von Ihrer liebenswerten Seite zu zeigen? Bemühen Sie sich, stets diplomatisch zu sein? Fühlen Sie sich dafür verantwortlich, dass es anderen gut geht?

Um Himmels Willen – sind Sie denn noch nie geflogen? Halten Sie es doch bitte auch hier auf dem Erdboden so, wie es die Stewardess empfiehlt:

> Ziehen Sie die Sauerstoffmaske zu sich auf Mund und Nase.
> Erst dann helfen Sie anderen Mitreisenden.

Versuchen Sie wirklich, es allen recht zu machen? Das hatten wir doch schon! Klarer Fall von Harmoniesucht!

Übrigens entspricht das dem Antreiber **„sei nett"**. Da Sie bindungsorientiert sind, ist Ihnen die Beziehungsebene wichtiger als die Sachebene. Anerkennung und Zugehörigkeit ergeben Ihr Lebenselixier.

Das Positive: Sie sind achtsam. Sie sind sensibel. Sie können sich gut in andere hineinversetzen. Andere Menschen sind Ihnen wichtig.

Das Negative: Sie sind so achtsam, dass Sie das Gras wachsen hören. Und weil Sie so empfindsam sind, fühlen Sie sich auch so schnell verletzt. Dennoch sind die anderen wichtiger als Sie, weshalb Sie sich immer hinten anstellen. Beim Helfersyndrom tritt das Appellohr in den Vordergrund. Deswegen haben Sie immer mehr Arbeit als die anderen. Sehr wahrscheinlich werden Sie oft übervorteilt.

Welcher **Glaubenssatz** hält Ihnen hier die Hand?

1. Mir geht es nur gut, wenn ich für andere sorgen kann.
2. Ich bin nicht so wichtig.
3. Harmonie ist mir wichtiger, als dass ich mich durchsetze.
4. Ich muss immer freundlich sein.
5. Es fällt mir schwer, nein zu sagen.
6. Wenn ich es allen recht mache, werde ich gemocht.

Wenn Sie wirklich gemocht werden wollen, dann gibt es nur einen Weg:

Erlauber für Antreiber „sei nett": **Gefalle dir selbst!**

Damit Sie Ihr Aufgabenpensum auch schaffen können, haben Sie keine andere Wahl, als auch mal nein zu sagen. Dann heißt es Annahmeschluss! Bestenfalls bevor Sie bis zum Scheitel in Ihren Stapeln versinken.

10 Schritte, damit Sie nicht auf der Strecke bleiben

Schritt 1: Ihr Dresscode lautet ab heute: Zuerst das Hemd, dann die Jacke. Nur für den Fall, dass Sie sich mal richtig herum anziehen wollen. Erst, wenn es Ihnen gut geht, können Sie auch dafür sorgen, dass es anderen gut geht.

Schritt 2: Lernen Sie, Ihr Spiegelbild zu lieben. Falls Sie noch gar keinen haben, schreiben Sie sich am besten gleich einen Ganzkörperspiegel auf Ihren Einkaufszettel. Wenn Sie sich selber nicht lieben können, wie soll Sie dann jemand anderes lieben können?

Schritt 3: Machen Sie es sich bitte selbst recht, damit Sie sich guten Gewissens im Spiegel ansehen können. Das steigert auch Ihr Ansehen.

Schritt 4: Bringen Sie vor, was Ihnen nicht gefällt und bleiben Sie in der Argumentation ganz bei sich.

Schritt 5: Zeigen Sie charmant, aber konsequent und deutlich Ihre Grenzen auf.

Schritt 6: Damit Sie sich nicht um Kopf und Kragen reden, wenn Sie sich erklären wollen: Ein Satz ist ein Grund; mit mehreren Sätzen befinden Sie sich schon mitten in der Rechtfertigungsfalle.

Schritt 7: Fühlen Sie sich immer zuständig oder schnell angefasst, dann tauschen Sie Ihr Appellohr öfter gegen Ihr Sachohr aus.

Schritt 8: Anstatt zu mutmaßen, was andere von Ihnen wollen, fragen Sie gezielt nach. So umgehen Sie Fehlinterpretationen und vermeiden Gefallen, die keiner will.

Schritt 9: Vielmehr bitten Sie andere mal um eine Gefälligkeit und freuen Sie sich auf das verdatterte Gesicht Ihres Gegenübers. Nehmen Sie wahr, was darüber hinaus passiert. Und fürchten Sie sich bitte nicht.

Schritt 10: Üben Sie ein erstes kleines NEIN: „Heute schaffe ich es leider nicht." Wenn Sie sich das im Büro noch nicht trauen, probieren Sie diesen Satz im Privaten aus.

Bedenken Sie: Ein NEIN haben Sie schon, wenn Sie es erst gar nicht versuchen. Sofern Sie sich aber trauen, bietet sich Ihnen immerhin eine fünfzigprozentige Chance auf ein JA. Nehmen Sie erste kleine Erfolge wahr und belohnen Sie sich dafür. Wichtig!

Sie können es sowieso niemals allen recht machen. Und von jedem gemocht zu werden, kann kein Ziel sein. Das ist eine Wunschvorstellung, womit wir schon wieder bei den Illusionen sind.

Apropos Wünsche: Die ihrigen sind genauso wichtig, wie die der anderen. Achten Sie mehr auf Ihre Bedürfnisse. Bleiben diese unbefriedigt, sind Sie unglücklich. Schaffen Sie sich Ecken und Kanten an und überraschen Sie doch mal Ihr Gegenüber mit einer eigenen Meinung, auch wenn sie dagegenhält. Das macht Sie viel interessanter. Wenn zwei die gleiche Meinung haben, ist einer überflüssig. Also weg mit dem Graue-Maus-Schleier – Sie stehen mitten im Leben. Verstecken ist nicht! Und hören Sie bitte auf, ständig mit dem Kopf zu nicken.

Sie sind gern höflich? Wunderbar! Dann fangen Sie bitte gleich bei sich selbst damit an.

Wer immer JA zu anderen sagt, sagt NEIN zu sich selbst.

Probier's mal mit Gemütlichkeit

Mit Souveränität und Gelassenheit das Sekretariat meistern. Erinnern Sie sich an den Untertitel dieses Buches? Deshalb schließe ich dieses Kapitel mit ein paar Strophen eines Liedes aus dem Dschungelbuch. Vielleicht laden Sie den Song herunter und packen ihn sich in stressigen Zeiten direkt auf die Ohren. Sie wissen doch, unser Unterbewusstsein reagiert auf Reize und unsere Hirnhälften lieben Informationen auf multiple Weise. Viel Spaß beim Reinlesen, Mitsingen oder Mitsummen!

Probier's mal mit Gemütlichkeit,
mit Ruhe und Gemütlichkeit
jagst du den Alltag und die Sorgen weg.
Und wenn du stets gemütlich bist
und etwas appetitlich ist,
dann nimm es dir – egal von welchem Fleck.
…
Denn mit Gemütlichkeit
kommt auch das Glück zu dir!
Es kommt zu dir!
…
Schmerz geht bald vorbei!
Du musst bescheiden, aber nicht gierig im Leben sein,
sonst tust du dir weh,
du bist verletzt und zahlst nur drauf,
darum pflücke gleich mit dem richt'gen Dreh!
Hast du das jetzt kapiert?
Denn mit Gemütlichkeit kommt auch das Glück zu dir!
Es kommt zu dir!

Für noch mehr Souveränität und Gelassenheit habe ich ein paar Tricks zusammengestellt. Sehen Sie selbst im nächsten Kapitel (Kap. 5).

5

Acht Anti-Stress-Tricks

Nun habe ich Ihnen acht Stressfaktoren vorgestellt und Wege aufgezeigt, wie Sie damit umgehen können. Jetzt habe ich noch ein paar Tricks für Sie parat, die immer gehen.

5.1 Der Atem-Quickie

Für die Gehetzten, Hektischen, Schnellen, Flinken, sonstigen Turbos sowie alle Kurzatmigen
Die Situation: Sie fühlen sich gehetzt, sind total angespannt, flitzen durch die Flure, verspüren weder Durst

© Springer Fachmedien Wiesbaden GmbH, ein Teil von
Springer Nature 2018
M. Zenk, *Der Anti-Stress-Trainer für Assistenzen,*
https://doi.org/10.1007/978-3-658-21046-5_5

noch Hunger, haben keine Zeit zum Essen oder Trinken, nicht einmal zum Pieschern. Die Zeit fließt Ihnen nur so durch die Hände.

Die Gedanken: „Zack zack."/„Das noch schnell und das …"/„Ich mache mir gleich in die Hose."

Die Symptome: Kurzatmigkeit, Anspannung, Appetitlosigkeit, volle Blase

Die Abhilfe: Erst einmal die Blase entleeren! Anschließend nehmen Sie auf einem Stuhl Platz. Sie kennen das aus dem Sport: Setzen Sie sich aufrecht hin, die Beine sind hüftbreit auseinander im rechten Winkel aufgestellt, der Rücken ist gerade durchgestreckt und der Kopf sitzt ausbalanciert auf Ihrem Hals, als wenn ihn jemand von oben mit einem Bindfaden hält. Die Arme liegen bequem auf Ihrem Schoß. Atmen Sie tief durch die Nase ein und langsam durch den Mund wieder aus. Schließen Sie gern die Augen dabei. Schon drei tiefe Atemzüge versprechen Besserung.

Klingt einfach? Ist es auch!

Ihr Gewinn: Sie lösen die Anspannung, können wieder wahrnehmen, was ist und Ihren Bedürfnissen folgen.

Mein Tipp: Bauen Sie das ruhig dreimal täglich in Ihren Alltag ein. Und geizen Sie bitte nicht mir Ihrer Zeit beim Austreten.

5.2   Der Beruhigungs-Quickie

Für die, die gleich an die Decke gehen, ihren Augen und Ohren nicht trauen – es nicht fassen können
Die Situation: Sie erhalten eine Nachricht, die Sie schockiert, die Sie aufregt. Vielleicht kommt Ihnen auch jemand doof. Es hat Sie eiskalt erwischt und es läuft Ihnen entsprechend den Rücken hinunter. Oder Ihnen schwillt ordentlich der Kamm an und Ihre Hände ballen sich zu Fäusten.

Die Gedanken: „Waaaaaas? Nicht Ihr Ernst!"/ „Bitteeeeeee?!"/„Ich kann es nicht glauben!"

Die Symptome: Hoher Blutdruck, rasender Puls, Ohrensausen, Fassungslosigkeit, Schockmoment

Die Abhilfe: Bleiben Sie ruhig und zählen Sie innerlich: „21, 22, 23 …" – nur keine hektischen Bewegungen, keine unüberlegten Handlungen, keine übereilten Worte. Spaxen Sie sich bitte nicht rein.

Ihr Gewinn: Sie fahren Ihr System langsam herunter, gewinnen Zeit und können mit Bedacht reagieren. Das sichert Ihr Ansehen.

Mein Tipp: Auch eine gute Methode, damit Sie sich nicht immer gleich um Kopf und Kragen reden.

Spaxen

Ich nenne das so, weil es mich an eine Spaxschraube erinnert. Die, die man für Holzarbeiten nimmt. Die, die sich auch ohne Dübel so richtig schön reindreht. Es ist mein Synonym für „sich in etwas hineinsteigern".

5.3   Das Kopflüftungs-Programm

Für alle, die überhaupt keine Zeit haben und gerade völlig überfordert sind

Die Situation: Ihr Chef steht wartend neben Ihnen, ein Kollege kommt mit einem Anliegen auf Sie zu, das Telefon klingelt und etliche Stapel belagern Ihren Schreibtisch.

Gerade, wenn Sie denken, Sie können nicht weg, ist es höchste Zeit, alles stehen und liegen zu lassen.

Die Gedanken: „Ja, spinnen die jetzt alle!"/„Ich weiß nicht, wo vorn und hinten ist."/„Ich stecke fest."

Die Symptome: Überforderung, Orientierungslosigkeit, Handlungsunfähigkeit, Ohnmacht

Die Abhilfe: Die Menschen um Sie herum und das Telefonat sollten Sie noch abwickeln. Aber dann heißt es, die Beine in die Hand zu nehmen und sofort raus. Wenn möglich eine Runde um den Block. Schon fünf Minuten reichen, um den Tunnelblick zu lockern. Je länger Sie arbeiten, desto enger wird Ihr Blick auf die Dinge. Diese Fokussierung ist für die Konzentration zwar notwendig, aber auf Dauer erstarren Sie und stecken fest.

Ihr Gewinn: Sie lösen Ihre Scheuklappen, gewinnen den Überblick zurück und können neu priorisieren.

Mein Tipp: Einmal am Tag raus – das muss sein. Und lassen Sie bitte auch Ihre Pausen nicht unter den Tisch fallen. Da Ihre Leistungsfähigkeit über Tag nachlässt, brauchen Sie für Ihre Aufgaben deutlich länger. Zudem schleichen sich Fehler schneller ein, die Sie dann am nächsten Vormittag wieder ausbügeln dürfen.

5.4   Der ISSO-Ordner

Für alle, die sich gern aufregen, Ereignissen nachhängen und sich immer wieder damit beschäftigen
Die Situation: Sie stehen im Stau und regen sich fürchterlich auf. Oder aber im Büro ist etwas passiert, das Sie nachhaltig beschäftigt, Ihnen wertvolle Kraft und Zeit raubt. Jedenfalls kriegen Sie sich nicht ein – kommen einfach nicht darüber hinweg. Und das Schlimmste: Es ist schon passiert – Vergangenheit – und Sie können es nicht ändern!

   Die Gedanken: „Ich fasse es nicht!"/„Das darf doch nicht wahr sein!"/Immer wieder ein „Tze!"

Die Symptome: Gedankenkreisen, Kopfschütteln, tiefe Seufzer, zirkuläre Selbstgespräche

Die Abhilfe: Bundeswehrbegründung mit vier Buchstaben: ISSO! Steht für „Es ist so wie es ist", aber bitte nicht resignativ denken und mit dem Norddeutschen „nützt ja nichts" verwechseln! ISSO soll ihr imaginärer Ordner sein, in den Sie alles ablegen, was Sie gerade nicht ändern können. Hier kommen alle „Kinder" hinein, die bereits „in den Brunnen" gefallen sind. Wir sprechen schließlich von Vergangenem. Einzige Möglichkeit: es anzunehmen, wie es ist. Schauen Sie lieber nach vorn: Können Sie noch etwas retten oder ändern? Dann überlegen Sie bitte konstruktiv wie. Ansonsten: Ablage im ISSO-Ordner und weiter geht's!

Ihr Gewinn: Der ISSO-Ordner hilft Ihnen, Dinge zu akzeptieren. So können Sie Ihre Energie auf die Dinge richten, die Sie selbst in der Hand haben. Zum Beispiel auf den weiteren Umgang damit, die Lösungsfindung.

Mein Tipp: Hängen Sie sich einen Spicker mit ISSO hin, um sich an diesen „Ordner" zu erinnern.

5.5 Das Brems-Prinzip

Für alle, die ihr hohes Tempo aus dem Job sogar mit ins Privatleben nehmen

Die Situation: Sie sind immer in Action, immer auf Trab, immer unter Strom. Sie flitzen die Flure hin und her – es sieht schon schräg aus – und das sollen Sie bitte wörtlich nehmen. Manche fragen sich, welchen Zusatzstoff Sie getankt haben. Sind Sie immer auf Hochtouren – ständig mit voller Kraft am Start – Sie brennen unaufhörlich.

Die Gedanken: „Zack, zack, die Zeit läuft."/„Das noch schnell erledigen."/„Und hier noch schnell hin."

Die Symptome: Hohes Tempo, hohe Taktzahl, hohe Betriebstemperatur, Kurzatmigkeit

Die Abhilfe: „Gehe langsam, wenn du es eilig hast", sagt ein Sprichwort aus Fernost. Es klingt paradox – macht Sie aber wachsamer.

Wenn Sie wieder einmal spüren, dass Sie diagonal nach vorn gebeugt laufen und Ihnen die Haare nach hinten fliegen, dann heißt es: Vollbremsung. Bleiben Sie sofort stehen und gehen Sie neu los. Dieses Mal im moderaten Tempo und kerzengerade – Schritt für Schritt und das Atmen nicht vergessen. Werden Sie wieder schneller, dann heißt es erneut: Anhalten und nochmal von vorn.

Ihr Gewinn: Vom Sport-Modus in den Eco-Betrieb für eine längere Laufleistung.

Mein Tipp: Üben Sie das auch immer mal wieder im Büro. Wirkt einfach souveräner als jemand, der nur herumhetzt.

5.6   Die Haufen-Methode

Für alle, die den Überblick über ihren Schreibtisch gänzlich verloren haben
Die Situation: Der Schreibtisch ist voll, Unterlagen sind verschwunden, Sie suchen und können sie nicht finden. Sie blicken nicht mehr durch. Willkommen im Chaos!

Die Gedanken: „Was zuerst?"/„Wo ist das bloß?"/„Ich weiß nicht mehr weiter!"

Die Symptome: Überforderung, Ohnmacht, Hilflosigkeit, Planlosigkeit, Orientierungslosigkeit

Die Abhilfe: Es ist an der Zeit, einen Haufen zu machen! Nur einen großen Haufen. Dabei ist die Reihenfolge erst einmal egal. Einfach alles aufeinanderlegen. Nun nehmen Sie sich einen Vorgang nach dem anderen vor, packen Dinge, die zusammengehören, in eine Aktenhülle und beschriften diese mit Klebezetteln. Oder Sie markieren relevante Passagen mit Textmarkern, damit Sie wissen, was zu tun ist und nicht jedes Mal wieder ins Dokument reinlesen müssen. Dann legen Sie die Prioritäten neu fest, damit Ihnen nichts anbrennt. (vgl. Eisenhower-Prinzip)

Ihr Gewinn: Durch das Ordnungschaffen gewinnen Sie den Überblick zurück und wissen genau, wo Sie gerade stehen.

Mein Tipp: Wenn Sie der Aktenhülle einen Namen oder Termin geben möchten, dann beschreiben Sie die Klebeseite der Haftnotiz und pappen diese von innen an die Oberfläche. So vermeiden Sie, dass der nächste Zettel Ihre Botschaft überdeckt oder sich der Klebezettel irgendwo anders anhängt.

5.7 Die Jetzt-Methode

Für alle. Vor allem für die, die nie Zeit haben und sich darüber aufregen

Die Situation: Sie öffnen den Aktenschrank und ächzen. Sie nehmen einen Ordner zur Hand, möchten etwas abheften und … ächzen. Sie ziehen eine Schublade auf und … ächzen. Sie kommen ins Büro und … ächzen. Und warum? Weil Sie irgendetwas an der Sortierung, der Ordnung oder dem Zustand auszusetzen haben. Wenn Sie könnten, würden Sie die Dinge in Ihr Gelegentlich-Fach packen. Glücklicherweise sind die Gegenstände alle zu groß. Außerdem ist Ihr „Illusions-Körbchen" hoffentlich zwischenzeitlich schon verschwunden.

Die Gedanken: „Das muss ich unbedingt in Ordnung bringen!"/„Gruselig."/„Geht gar nicht!"

Die Symptome: Sie sind genervt! Sie fühlen sich in Ihrem Ordnungssinn gekränkt.

Die Abhilfe: Meine Empfehlung: Machen Sie es jetzt! Ich weiß, Sie haben keine Zeit, das ist jetzt eigentlich auch nicht wichtig und da gibt es ganz andere Sachen, die jetzt Phase sind. Sie haben völlig recht!

Aber Sie stimmen mir sicherlich zu, dass der Leidensdruck gerade JETZT da ist. Und den sollten Sie unbedingt nutzen. Verabschieden Sie sich bitte vom „mache ich bei Gelegenheit". Ich führe es Ihnen gern am Beispiel eines Ordners, der Sie stört, vor Augen:

Sie schreiben sich einen Zettel, dass Sie den Ordner aufräumen wollen und legen ihn auf Wiedervorlage. Meinetwegen erstellen Sie dazu auch eine Outlook-Aufgabe. (Frisst übrigens alles Zeit, möchte ich nur kurz anmerken.) Tag X ist nun gekommen, Sie nehmen sich den Zettel vor oder werden durch Ihren Kalendereintrag an die Aufgabe erinnert. Und dann? Wenn Sie gut konditioniert sind, nehmen Sie sich Ihren Ordner zur Brust, klappen ihn auf und fragen sich: „Hm, was hatte mich denn da seinerzeit genau gestört? Geht doch eigentlich!" Zack und zugeklappt. Was ist passiert? Nichts! Und warum? Genau – Ihr Leidensdruck ist gerade nicht abrufbar – einfach nicht mehr vorhanden. Wetten, dass Sie beim nächsten Benutzen wieder wild schimpfen?!

Also, gehen Sie die Sache an, wenn Ihnen der Kittel brennt! Nur dann sind Sie die Aufräumexpertin und wissen genau, was zu tun ist.

Ihr Gewinn: Durch diese extra aufgebrachte Viertelstunde haben Sie bei diesem Ordner schon einmal Ruhe. Zufriedenheit stellt sich ein und Stolz macht sich breit.

Mein Tipp: Wenn Sie vermeintlich große Aufgaben in kleine aufteilen, dann passt dies immer mal dazwischen.

5.8   Die Rückwärts-Strategie

Für alle, die vor Abwesenheiten eine Punktlandung hinlegen möchten

Die Situation: Ihr Urlaub steht vor der Tür oder eine andere Abwesenheitsphase. Sie hoffen, dass Sie alles Wichtige noch erledigt bekommen. Aber Sie kennen sich – am Ende haben Sie wieder irgendetwas vergessen oder es einfach nicht rechtzeitig geschafft. Sie arbeiten am letzten Tag bis in die Puppen, damit Sie ruhigen Gewissens das Feld räumen können. Sie spüren jetzt schon den Zeitdruck. Oder Sie haben einfach keine Lust mehr – wollen sich die Vorfreude nicht nehmen lassen – und möchten nun vorsorgen.

Die Gedanken: „Noch so viele Aufgaben – wie soll ich das bloß schaffen."/„Oh oh, ich weiß jetzt schon, wie das wieder ausgeht."

Die Symptome: Nervosität, Druckempfinden, Hibbeligkeit, Unruhe, Planlosigkeit, Stimmungsabfall

Die Abhilfe: Zunächst verschaffen Sie sich einen Überblick: Was gibt es noch alles zu erledigen bis zum Tag X?

Fangen Sie eine Woche vor der geplanten Abwesenheit damit an. Wenn Ihr Pensum immens groß ist, starten Sie noch eher. Kramen Sie dazu in Ihren Fächern, in Ihrer Wiedervorlage, in der Reise- und Rücksprachenmappe für Ihren Chef sowie in allen sonstigen offenen Vorgängen.

Bilden Sie drei Stapel:

1. Alles, was Sie zwingend vorher selbst erledigen müssen.
2. Alles, was darüber hinaus noch gemacht werden muss. (Nicht zwangsläufig durch Sie).
3. Alles, was in Wahrheit liegen bleiben kann – Sie nach Ihrer Rückkehr selbst erledigen können.

Und nun fangen Sie von hinten an: Alles, was liegen bleiben kann, führen Sie Ihrem Ordnungssystem entsprechend zu: Zum Beispiel Ihrer Wiedervorlage sowie Ihrem Fach „zu erledigen". Decken Sie letzteres mit einem Trennblatt ab, sodass auch Ihre Kollegen Bescheid wissen „ab hier nach meiner Rückkehr". Damit ist Stapel # 3 bedient worden.

Machen Sie sich nun an Stapel # 2 und beschriften Sie hier ebenfalls alle Vorgänge, ob mit Haftnotizen oder gewöhnlichen Zetteln. Tun Sie dies so, dass Ihre Kollegen genau wissen, was noch fehlt, zu beachten und zu tun ist oder bis wann diese Aufgabe erledigt werden muss. Schieben Sie diesen Stapel erst einmal beiseite. Jetzt nehmen Sie sich einen Zettel und schreiben alles auf, was in keinem Stapel zu finden ist, Sie aber noch vor Ihrer Abwesenheit berücksichtigen müssen. Einfach den Kopf entleeren. Das sind solche Dinge wie: Telefon umstellen, Umleitung beim Chef herausnehmen, Wochenblumenstrauß abbestellen,

Abwesenheitsnotiz im Mailprogramm einrichten, Regeln im Mailprogramm erstellen, beispielsweise automatische Umleitungen an die Kollegen, Kalenderrechte für Ihre Vertretung einrichten, Herrn X und Frau Y informieren, Übergabe-E-Mail verschicken… bis hin zu Blumen gießen. Idealerweise haben Sie für wiederkehrende Dinge eine Checkliste für die Zukunft. So stellen Sie sicher, dass Ihnen wirklich nichts durchrutscht.

Den Text für die Abwesenheitsmeldung können Sie heute schon schreiben. Wer weiß, wie hektisch es wieder am Abreisetag wird. Nachher schleichen sich noch Fehler in den Text – das sieht nach Flucht oder Oberflächlichkeit aus und wäre peinlich. Wenn es so weit ist, brauchen Sie den Abwesenheitsassistenten nur noch zu aktivieren.

Apropos: Beginnen Sie auch heute schon mit der Übergabe-E-Mail für Ihre Vertretung und speichern Sie sie unter Entwürfe, damit Sie bis zum Schluss die relevanten Themen und Hintergrundinformationen hinzufügen können. Dann haben Sie so weit alle Vorbereitungen getroffen.

Kommen wir zu Stapel # 1: Hier heißt es jetzt: fröhliches Runterarbeiten. Sollten Sie am Ende noch Zeit haben, könnten Sie natürlich an weiteren offenen Vorgängen arbeiten, bevor es Ihnen bei so viel Struktur langweilig wird. Sie könnten aber auch über einen früheren Feierabend nachdenken, um entspannt in die Abwesenheitsphase zu gleiten.

Denken Sie daran, den Stapel # 2 rechtzeitig mit Ihrer Vertretung durchzugehen, damit Sie auch diesen Ihrem Ordnungssystem wieder zuführen können oder ihr diesen dann gleich mitgeben.

Und dann wäre da noch Ihre Ablage. Ob online oder offline – räumen Sie sie auf. Ihre Kollegen sollen sich doch zurechtfinden und Sie möchten sicherlich den Eindruck vermitteln, dass Sie alles im Griff haben.

Der letzte Tag: Auch diesen sollten Sie rückwärts beginnen: Nein, jetzt nicht die Schränke wieder abschließen und das Licht ausmachen. Aber: Die Blumen können schon gegossen werden, die letzten Akten wegsortiert und der E-Mail-Posteingang weiter aufgeräumt werden. Schalten Sie den Abwesenheitsassistenten ein, um sich die Spätzünder vom Hals zu halten. Heute ist pauschal „Annahmeschluss". Wenn dann noch genügend Zeit überbleibt, können Sie den ein oder anderen ja noch bedienen. Oder Sie gehen zeitig nach Hause. Ein Urlaub muss ja nicht immer im Sturzflug beginnen.

Ihr Gewinn: Sie haben alles im Blick und wissen nun genau, wie viel Zeit für die noch ausstehenden Aufgaben bleibt. Das sieht nach einer Punktlandung aus. Mit solch einem souveränen Abgang beeindrucken Sie auch noch die Kollegen.

Mein Tipp: Diese Vorgehensweise können Sie auch für das nahende Wochenende oder sogar den bevorstehenden Feierabend adaptieren: Was muss heute zwingend gemacht werden und was kann bis morgen warten? Damit nehmen Sie sich den Druck und behalten den Überblick.

Außerdem: Arbeit ist so schön. Deshalb sollte man sich immer noch etwas für morgen aufheben.

In diesem Sinne, viel Spaß beim Ausprobieren!

Bahn frei

Mit diesen acht Tricks dürften Sie weitere Mittel und Wege gefunden haben, Ihr Pensum zu bewältigen. Zumindest sollten diese Sie in einen besseren Zustand versetzen.

Und jetzt ist es an Ihnen, was davon Sie umsetzen, wie Sie es für sich interpretieren und was Sie daraus machen. Sie wissen doch:

Jeder ist seines Glückes Schmied.

Nun folgt die Zusammenfassung. Anschließend finden Sie noch Zusatzmaterial: Ein paar Listen, eine Übung zur Reflexion sowie ein bisschen etwas zum Lachen.

Machen Sie das Beste daraus!

6

Der Schnelldurchlauf

6.1 Zusammenfassung der Illusionen

Die größten Illusionen im Sekretariat:

1. Die Illusion „Es allen recht zu machen"
2. Die Illusion „Nur was anstrengend ist, kann von Erfolg gekrönt werden"
3. Die Illusion „Jemals fertig zu werden"
4. Die Illusion „Länger arbeiten, um das Pensum zu schaffen"
5. Die Illusion „Ich muss alles selber machen"
6. Die Illusion „Das Gelegentlich-Fach – für *wenn ich mal Zeit habe*"
7. Die Illusion „Alles perfekt zu machen"
8. Die Illusion „Ich darf keine Schwäche zeigen"

© Springer Fachmedien Wiesbaden GmbH, ein Teil von
Springer Nature 2018
M. Zenk, *Der Anti-Stress-Trainer für Assistenzen,*
https://doi.org/10.1007/978-3-658-21046-5_6

9. Die Illusion „Alle sollen mich mögen"
10. Die Illusion „Ich bin nicht wichtig"

Fallen Sie bitte nicht darauf rein, vielmehr glauben Sie bitte nicht alles, was Sie denken!

6.2 Zusammenfassung der Antreiber mit seinen Erlaubern

Die fünf Antreiber, die Sie von innen heraus motivieren:

1. Streng dich an → Du darfst auch mal den leichten Weg gehen und dabei Spaß haben.
2. Sei schnell → Du darfst dir Zeit nehmen und Pausen machen.
3. Sei perfekt → Du genügst so wie du bist und darfst sogar Fehler machen.
4. Sei stark → Du darfst offen sein und um Hilfe bitten.
5. Sei nett → Gefalle dir selbst!

Erinnern Sie sich bitte an die Erlauber, sobald Ihr Antreiber Ihnen zu viel Stress macht.

6.3   Zusammenfassung der Anti-Stress-Tricks

Die Anti-Stress-Strategien:

1. Der Atem-Quickie: 3 × tief ein- und ausatmen, wenn Sie kurzatmig sind.
2. Der Beruhigungs-Quickie: Zählen Sie 21, 22, 23, bevor Sie reagieren.
3. Das Kopflüftungs-Programm: Eine Runde um den Block, wenn nichts mehr geht.
4. Der ISSO-Ordner: IST-Situationen unter ISSO verbuchen, Energie nach vorn richten.
5. Das Brems-Prinzip: Hektischer Gang? Anhalten und neu, langsam losgehen.
6. Die Haufen-Methode: Überblick verloren? Einen Haufen machen, neu sortieren und priorisieren.
7. Die Jetzt-Methode: Leidensdruck hoch? Dann sofort erledigen!
8. Die Rückwärts-Strategie: Sie arbeiten von hinten nach vorn.

Damit Sie schnell wieder herunterkommen und den Überblick zurückgewinnen!

7

Zusatzmaterial

7.1 Ihre Checkliste zum Stress

Haben Sie Stress? Check it out!

- ☐ Nach dem Aufstehen verschwenden Sie keine Zeit.
- ☐ Ihre E-Mails checken Sie schon im Bad.
- ☐ Beim Zähneputzen laufen Sie wild umher.
- ☐ In der Dusche sind Sie gedanklich bereits im Büro.
- ☐ Sie brechen zügig auf – sind daher schnellen Schrittes unterwegs, eilen zur Bahn, treten gehörig in die Pedale oder aber sitzen aufrecht wie ein Osterhase im Auto und düsen los.
- ☐ Ihr Frühstück stopfen Sie sich auf dem Weg zur Arbeit rein.
- ☐ Im Büro fährt noch der Rechner hoch während Sie schon in Ihren Stapeln wühlen.
- ☐ Sie starren auf Ihre unzähligen Aufgaben und verspüren Überforderung.

© Springer Fachmedien Wiesbaden GmbH, ein Teil von Springer Nature 2018
M. Zenk, *Der Anti-Stress-Trainer für Assistenzen,*
https://doi.org/10.1007/978-3-658-21046-5_7

- ☐ In der Kommunikation mit Ihren Kollegen sind Sie höchst effizient: „Moin".
- ☐ Zig Programme und Anwendungen laufen parallel, drei Kontakte haben Sie geöffnet, denen Sie nachgehen wollen, nebenbei beantworten Sie zwei E-Mails gleichzeitig, haben einen Brief im Entwurf, zugleich formatieren Sie eine Tabelle, surfen im Internet und planen den nächsten Termin während Sie in einer Präsentation festhängen.
- ☐ Mit Ihren Gedanken sind Sie schon bei der nächsten Sache.
- ☐ Sie beeilen sich, um Ihre Vorgänge vom Tisch zu bekommen.
- ☐ Ihre E-Mails fallen kurz und knapp aus.
- ☐ Sie machen Flüchtigkeitsfehler.
- ☐ Sie sitzen auf halb acht – sind jederzeit zum Sprung bereit; haben keinen Kontakt zur Rückenlehne.
- ☐ Schränke und Schubladen stehen offen, das erste Hemd ist durch, obwohl das Fenster sperrangelweit offensteht.
- ☐ Aber Sie schaffen es nicht einmal, sich vom Schreibtisch zu lösen, um sich etwas zu trinken zu holen.
- ☐ Auch Zeit für die Toilette finden Sie nicht wirklich und falls doch, wird dies schnurstracks erledigt.
- ☐ Sie sind angespannt und kurzatmig.
- ☐ Hunger und Durst verspüren Sie kaum oder füttern sich gedankenverloren.
- ☐ Sie vergessen Raum und Zeit, erschrecken, wenn die Tür aufgeht und fragen sich, wie der Kollege neben Ihnen wohl dorthin gekommen ist.
- ☐ Ihre Gedanken kreisen immer um „Wie soll ich das bloß alles schaffen".
- ☐ Sie verlängern Ihre Arbeitszeit.
- ☐ Im Büro flitzen Sie im Stechschritt hin und her.
- ☐ Sie arbeiten viel – verzetteln sich dabei.
- ☐ Sie sind total im Tunnel, merken nicht einmal, dass die Sonne untergeht.
- ☐ Alarmzeichen für Stress werden ignoriert – es ist ja nur eine Phase.
- ☐ Irgendwann geht zwar Ihr Körper nach Hause, aber Ihr Kopf bleibt im Büro.
- ☐ Gäbe es nicht die langen Öffnungszeiten der Supermärkte – Sie hörten ein Echo aus Ihrem Kühlschrank.

☐ Zu Hause brauchen Sie erst einmal Zeit für sich.
☐ Sie lassen sich berieseln: TV marsch. Dazu essen Sie
   apathisch.
☐ Ein Glas Wein nutzen Sie zur Schnellentspannung. Ein wei-
   teres als Schlummifix.
☐ Ihre Familie kommt allgemein zu kurz.
☐ Ihre Freunde fühlen sich vernachlässigt.
☐ Oft sagen Sie Ihre Abendtermine spontan ab.
☐ Die Arbeit stellen Sie vor Ihren Sport.

Kommt Ihnen das bekannt vor? Oh weia! Dann ist die
Uhr schon später als fünf vor zwölf. Sie haben deutlich
mehr Stress als Ihnen lieb sein dürfte. Die Frage ist, was
Sie mit der Erkenntnis anfangen? Prüfen Sie, was Sie für
krankmachend halten und was stattdessen zu tun ist.
Reichlich Tipps finden Sie hier im Buch.

Schlummifix: Ein Getränk, das Ihnen die nötige Bettschwere
bringt.

7.2 Reflexionsübung zu Ihrem Stress

1. Wie hoch ist Ihr Stresslevel, nachdem was Sie hier
   gelesen und dabei erkannt haben?
   Schätzen Sie es auf einer Skala von 1 bis 10 selbst ein
   (1 = niedrig, 10 super hoch).
2. Welche Möglichkeiten haben Sie, um Ihren Stresspegel auf ein gesundes Maß zu bringen?
3. Wie sieht Ihre Strategie dazu aus? Beschreiben Sie
   Ihren Weg dorthin.
4. Welche Ressourcen (Möglichkeiten, Kenntnisse,
   Fähigkeiten) haben Sie schon?

5. Welche brauchen Sie darüber hinaus?
6. Wer kann Sie dabei unterstützen?
7. Woran erkennen Sie, dass Sie Ihr Ziel erreicht haben?
8. Womit belohnen Sie sich bei Zielerreichung?
9. Was tun Sie bei Zielverfehlung?
10. Wann fangen Sie an, Ihren Stresspegel zu senken? Nennen Sie ein konkretes Datum.

Hier die drei wichtigsten Ressourcen für die Resilienz einer Top-Assistenz:

Füllen Sie regelmäßig diese „Schmierstoffe" nach, damit es flutscht.

Resilienz = Widerstandsfähigkeit

7.3 Raus aus dem Stress – Ihre Möglichkeiten

Damit Sie sich überhaupt in den Entspannungsmodus begeben können, schreiben Sie bitte alles auf, was in Ihrem Kopf noch herumspukt. Prima! Sie sind also gestresst! Worauf haben Sie jetzt Lust?

- Lust auf Ablenkung: Schifffahrt, Stadtrundfahrt/-rundgang, Zoo
- Lust auf Abschalten: Karussell fahren, Bungee jumpen, Hochseilgarten
- Lust auf Abtauchen: floaten, saunieren, tauchen
- Lust auf Aktivitäten: Fahrrad fahren, klettern, Minigolf spielen
- Lust auf Aufräumen: Dachboden, Keller, Schränke/Schubladen
- Lust auf Ausmisten: Flohmarktsachen zusammenstellen, Sperrmüll anmelden, Dinge verschenken
- Lust auf Auspowern: Kickboxen, laufen, Spinning
- Lust auf Berieseln: fernsehen, Hörbücher, streamen
- Lust auf Bildung: lesen, Sprachen lernen, Webinare besuchen
- Lust auf Draußen: fotografieren, spazieren gehen, shoppen
- Lust auf Eis: Eishockey, Eislaufen, Eisstockschießen

- Lust auf Erfüllung: anderen helfen, sich ehrenamtlich engagieren, Freunde treffen
- Lust auf Gehirnjogging: Geocaching, Kreuzworträtsel, quizzen
- Lust auf Handarbeit: häkeln, knüpfen, stricken
- Lust auf Handwerk: bauen, drechseln, schrauben
- Lust auf Kreativität: basteln, Mandalas ausmalen, spielen
- Lust auf Küche: backen, destillieren, kochen
- Lust auf Kunst: bildhauern, kreieren oder zeichnen
- Lust auf Musik: Instrument spielen, singen, tanzen
- Lust auf Putzen: Da findet sich doch bestimmt noch etwas!
- Lust auf Seele baumeln lassen: chillen, meditieren, schlafen
- Lust auf Spaß: daddeln, lachen, witzeln
- Lust auf Sport: etwas, was Sie können oder möchten Sie sich neu ausprobieren?
- Lust auf Urlaub: wenigstens ein kleiner zwischendurch, Ausflug, Tageskarte im Spa
- Lust auf Verwöhnen: gut essen, Kosmetik, Massage
- Lust auf Wasser: schwimmen, segeln, surfen

Diese Aufzählung ist natürlich unvollständig. Ich hoffe, Sie haben Inspiration gefunden und ergänzen diese Liste entsprechend. Finden Sie heraus, was Ihnen guttut.

7.4 Raus aus dem Stress – Orte für Zerstreuung

Wenn man im Stress ist, dann ist man meist blockiert. Daher habe ich Ihnen fürs Erste die Arbeit abgenommen und zeige Ihnen Orte für Zerstreuung auf.

- bei Freunden
- bei der Familie
- beim Amt
- in der Badewanne
- auf dem Bauernhof
- im Bus
- im Café
- in der Cocktailbar
- auf dem Feld
- im Fitnessstudio
- im Flugzeug
- auf dem Fußballplatz
- im Geschäft
- auf dem Hausboot
- auf der Insel
- im Kino
- im Krankenhaus
- auf dem Marktplatz
- in der Massagepraxis
- am/auf dem/im Meer
- im Museum
- im Park
- auf der Parkbank

- in der Reitanlage
- im Restaurant
- in der Sauna
- auf dem Schiff
- im Schwimmbad
- am/auf dem/im See
- im Spielcasino
- am Strand
- in der Straßenbahn
- im Theater
- in der Therme
- in der U-Bahn
- im Wald
- im Wellnesstempel
- auf der Wiese
- im Zoo
- im Zug
- Zuhause

Merken Sie etwas? Hier könnte nahezu jeder Ort stehen. Die Kunst ist, achtsam zu sein und die Dinge wahrzunehmen wie nie zuvor. Halten Sie inne und wechseln Sie doch einfach mal die Perspektive! Jeder erdenkliche Platz kann Ihnen Ablenkung bieten.

Was Sie dort tun und mit wem – das ist Ihnen überlassen. Vielleicht haben Sie bei den Stichworten auch andere Assoziationen gehabt, die Sie raus aus Ihrem stressigen Alltag holen.

Manchmal reicht auch eine Fantasiereise, um zu entspannen.

7.5 Raus aus dem Stress – wer Ihnen hilft!

Gehen Sie diese Liste durch und kreuzen jeden an, den es in Ihrem Leben gibt. Schreiben Sie gern die Namen dazu. Vielleicht fällt Ihnen noch ein weiteres Wesen aus Ihrem Dunstkreis ein.

☐ Arzt/Ärztin
☐ Bekannte(r)
☐ Berater(in)
☐ Bruder

- [ ] Coach
- [ ] Cousin(e)
- [ ] Ehepartner
- [ ] Erzeuger
- [ ] Förderer
- [ ] Freund(in)
- [ ] Geliebte(r)
- [ ] Hund
- [ ] Idol
- [ ] Katze
- [ ] Masseur(in)
- [ ] Mutter
- [ ] Nachbar(in)
- [ ] Oma
- [ ] Onkel
- [ ] Opa
- [ ] Partner(in)
- [ ] Psychologe/in
- [ ] Schwester
- [ ] Tante
- [ ] Therapeut(in)
- [ ] Trainer(in)
- [ ] Vater
- [ ] ...
- [ ] ...
- [ ] ...

Und nun prüfen Sie, wer was kann: Wer hört Ihnen zu? Wer bringt Sie zum Lachen? Wer ist immer für Sie da? Wer stellt auch mal kritische Fragen? Wer kennt sich aus? Also, was brauchen Sie und wer kann Sie in dieser Phase unterstützen?

Greifen Sie zum Hörer und überraschen „Ihren persönlichen Sparringspartner", damit Sie schon bald wieder ganz „die alte" sind.

7.6 Witze und Sprüche aus der Assistenz-Welt

Die Assistentin fragt den Anrufer: „Möchten Sie nun den Chef sprechen oder jemanden, der sich auskennt?"

☺

Der Chef ist wieder einmal außer sich: „Mein Fahrer hat mich nun schon dreimal in echte Lebensgefahr gebracht. Ich werde ihn feuern!" Seine Assistenz versucht ihn zu beruhigen: „Aber Chef, jeder macht mal Fehler. Geben Sie ihm doch noch eine Chance!"

☺

Der Assistent zu seinem Chef: „Huch, Ihr Telefonhörer liegt ja noch daneben – ich lege ihn eben mal auf!" „Nein" flüstert wild fuchtelnd der Chef „meine Frau erzählt mir gerade etwas."

☺

„Chef, das soll keine Erpressung sein – so etwas würde ich nie tun! Aber ich habe Sie schon so oft um eine Gehaltserhöhung gebeten. Wenn dies nicht bald geschieht, muss ich wohl doch jetzt mal meine Memoiren schreiben …"

☺

Alle Angestellten biegen sich vor Lachen als der Chef seinen neusten Witz zum Besten gibt. Nur seine Sekretärin, die lacht nicht. Ein Kollege fragt: „Sagen Sie, haben Sie keinen Humor?" „Doch, aber ich habe gekündigt."

☺

Chef zur Assistenz: „Betreff: Ihr Schreiben vom soundso-vielten, die Anrede wie immer, gefolgt von der üblichen Einleitung, bedanken für das ganze Pipapo und so wei-ter. Leider können wir im Augenblick nicht blablabla. Wir hoffen aber et cetera pp., enden wie gehabt. Und jetzt lesen Sie mir das Ganze bitte noch einmal vor."

☺

Eine gute Assistenz sagt nie mehr als sie weiß,
    weiß aber immer mehr als sie sagt.

☺

Chef: „Warum gehen Sie denn nicht ran, wenn das Tele-fon klingelt?"
    Assistenz: „Ach, ist doch sowieso immer nur für Sie!"

☺

Wer jetzt noch lacht, der hat Reserven!

Nachwort

So, liebe Kolleginnen und Kollegen; jetzt bin ich neugierig: Wie war ich? Eine Frage, die ja sonst eher Männer stellen. Nein, auch wir Frauen wollen bestätigt werden und so bin ich bannig gespannt, ob es mir gelungen ist, Sie zumindest zum Schmunzeln gebracht zu haben.

Glücklich wäre ich, wenn ich Sie inspirieren konnte, wie Sie Ihren stressigen Alltag gelassener und souveräner meistern und mir eine entsprechende Rezension zum Buch schrieben.

Gleichzeitig hoffe ich sehr, dass sich Ihr Stresspegel etwas nach unten bewegt und Sie wieder in Balance kommen. Denn Sie wissen ja: Nach Anspannung erfolgt Entspannung. Ergo: Nur wer entspannt, kann auch wieder anspannen.

Warten Sie nicht auf den Tag X. Die Illusionen habe ich ja eingehend behandelt. Gehen Sie direkt in die Umsetzung und probieren Sie meine Tipps aus!

Sollten Sie weiterhin in der Klemme stecken und keinen Ausweg finden, dann sprechen Sie mit Ihrem Chef über ein ‚Coaching on the Job'. Sie glauben nicht, dass Sie das bekommen? Wie sage ich, wenn es gar nicht erst versucht wird: „Ein Nein haben Sie jetzt schon!" Natürlich unterstütze ich Sie bei der Argumentation.

Und wenn Sie auch Ihre Kollegen bereichern möchten … ich halte Sie nicht auf! Empfehlen Sie mich gern weiter und verschenken Sie dieses Buch.

Oder wir machen das zusammen: Sie holen mich für einen Vortrag, Workshop oder Seminar zu sich ins Unternehmen und wir machen Ihre Kollegen resilient für den Stress.

Was auch immer Sie tun – übernehmen Sie bitte die volle Verantwortung!

Welchen Tipp fanden Sie eigentlich am besten? Was hat gut funktioniert?

Berichten Sie doch mal an: mail@marit-zenk.com

Ich freue mich, von Ihnen zu hören!

Ihre Marit Zenk, DIE MAC – MANAGEMENT ASSISTANTS' CONSULTANT

www.marit-zenk.com

Über den Initiator der Anti-Stress-Trainer-Reihe

Peter Buchenau gilt als der Indianer in der deutschen Redner-, Berater- und Coaching-Szene. Selbst ehemaliger Top-Manager in französischen, Schweizer und US-amerikanischen Konzernen kennt er die Erfolgsfaktoren

© Springer Fachmedien Wiesbaden GmbH, ein Teil von Springer Nature 2018
M. Zenk, *Der Anti-Stress-Trainer für Assistenzen,*
https://doi.org/10.1007/978-3-658-21046-5

bei Führungsthemen bestens. Er versteht es, wie kaum ein anderer, auf sein Gegenüber einzugehen, zu analysieren, zu verstehen und zu fühlen. Er liest Fährten, entdeckt Wege und Zugänge und bringt Zuhörer sowie Klienten auf den richtigen Weg.

Peter Buchenau ist Ihr Gefährte, er begleitet Sie bei der Umsetzung Ihres Weges, damit Sie Spuren hinterlassen – Spuren, an die man sich noch lange erinnern wird. Der mehrfach ausgezeichnete Chefsache-Ratgeber und Geradeausdenker (denn der effizienteste Weg zwischen zwei Punkten ist immer noch eine Gerade) ist ein Mann von der Praxis für die Praxis, gibt Tipps vom Profi für Profis. Heute ist er auf der einen Seite Vollblutunternehmer und Geschäftsführer, auf der anderen Seite Sparringspartner, Mentor, Autor, Kabarettist und Dozent an Hochschulen. In seinen Büchern, Coachings und Vorträgen verblüfft er die Teilnehmer mit seinen einfachen und schnell nachvollziehbaren Praxisbeispielen. Er versteht es vorbildhaft und effizient, ernste und kritische Sachverhalte so unterhaltsam und kabarettistisch zu präsentieren, dass die emotionalen Highlights und Pointen zum Erlebnis werden.

Stress ist laut der WHO die gefährlichste Krankheit des 21. Jahrhunderts. Stress wirkt aber von Mensch zu Mensch und somit auch von Berufsgruppe zu Berufsgruppe verschieden. Die von Peter Buchenau initiierte Anti-Stress-Trainer-Reihe beschreibt wichtige berufsgruppenspezifische Stressfaktoren und mögliche Lösungsansätze. Zu der Reihe lädt er ausschließlich Experten aus der jeweiligen Berufsgruppe als Autor ein, die sich dem Thema

Stress angenommen haben. Als Zielgruppe sind hier Klein-
unternehmer, Vorgesetzte und Inhaber in mittelständischen
Unternehmungen sowie Führungskräfte in öffentlichen Verwaltungen und Konzernen angesprochen.

Mehr zu Peter Buchenau unter www.peterbuchenau.de.

Printed in the United States
By Bookmasters